汉画像石(砖)与汉代河南社会

王莉娜
邓攀 编著

郑州大学出版社

图书在版编目（CIP）数据

汉画像石(砖)与汉代河南社会 / 王莉娜，邓攀编
著. — 郑州：郑州大学出版社，2021.11
　ISBN 978-7-5645-8272-2

　Ⅰ. ①汉… 　Ⅱ. ①王… ②邓… 　Ⅲ. ①画像石 - 研究
- 河南 - 汉代②社会生活 - 研究 - 河南 - 汉代 　Ⅳ.
①K879. 424②K296. 1

中国版本图书馆 CIP 数据核字（2021）第 213700 号

汉画像石（砖）与汉代河南社会

HAN HUA XIANG SHI (ZHUAN) YU HANDAI HENAN SHEHUI

策划编辑	孙理达	封面设计	苏永生
责任编辑	胡佩佩	版式设计	凌　青
责任校对	宋妍妍	责任监制	凌　青　李瑞卿

出版发行	郑州大学出版社有限公司	地　　址	郑州市大学路40号（450052）
出 版 人	孙保营	网　　址	http://www.zzup.cn
经　　销	全国新华书店	发行电话	0371 - 66966070
印　　刷	河南瑞之光印刷股份有限公司		
开　　本	787 mm × 1 092 mm　1 / 16		
印　　张	13	字　　数	216 千字
版　　次	2021 年 11 月第 1 版	印　　次	2021 年 11 月第 1 次印刷

书　　号	ISBN 978-7-5645-8272-2	定　　价	298.00 元

前　言

汉代是我国历史发展中的一个重要时期，无论在经济、政治、文化、艺术等方面都占据着不可替代的地位。

河南地处中原，两汉时期，在政治、经济、文化等诸多方面，都占有举足轻重的地位，如南阳在秦汉时称为宛郡，地处承接东西、连贯南北的优越地理位置，是东汉光武帝刘秀的发迹之地，故有"南都""帝乡"之称，经济文化盛极一时；商丘是西汉梁国都城，梁国处在西汉王朝的都城长安与东方的交通要道上，是咽喉之地，也是维护西汉王朝的屏障，梁国国力强盛，文化经济繁荣；洛阳是东汉时期的都城，是政治经济文化的中心，为汉文化的繁荣和不同民族的交融起着重要作用；东汉末年汉献帝迁都于许昌，许昌迎来自己最为荣耀的一段历史。这些千丝万缕的联系使得河南出土的汉画像石（砖）数量繁多，内容多样。画像石是用来建造墓穴或祠堂的建筑构件，画像砖是应用于墓壁或地面建筑贴面的模印砖。从目前的研究成果和发现的文物资料来看，河南汉画像石（砖）主要分布在以南阳、郑州、商丘、许昌以及鹤壁为主的几个地域；题材也十分丰富，其内容涵盖了汉代社会政治、经济、思想、文化的不同层面，如生产生活、社会生活、历史故事、远古神话、辟邪祥瑞、天文星象等，展现出包罗万象的历史画卷，为我们研究汉代的社会政治、经济、思想、文化、风俗和美术史、科技史等提供了宝贵的资料。

纵观前人对汉画像石（砖）的研究成果，大都较为宽泛，尤其是对河南汉画像石（砖）的特色、题材、风格特点等内容的研究，并不是十分系统和完善。本书从汉画像石（砖）产生的背景着手，对河南汉画像石（砖）做

1

系统全面的调查研究，从而阐释画像石（砖）反映的汉代河南地区的社会生活及社会制度和思潮，系统全面地研究河南汉画像石（砖），有助于对学术研究领域的现有成果进行补充、完善，也能为后人的相关论述提供参考和帮助。

本书受到河南省高层次人才特殊支持"中原千人计划——中原青年拔尖人才"项目的资助出版，由于工作量大，时间仓促，加上我们的学术水平有限，书中的个别观点难免存在一些不当甚至舛错之处，敬请方家批评指正。

目　录

绪　论

一、汉画像石（砖）的概念

画像石是刻在石材上的画。汉代画像石是汉代的石刻画，主要用于墓室、墓前祠堂（还应包括墓葬封土中的祠堂）、石阙等墓葬建筑的建造与装饰。它产生于西汉，盛行于东汉，魏晋之际仅有个别实例，故又称汉画像石。汉画像石也可作为贴面材料使用。"汉画像石可说是一种石刻绘画，这种造型艺术，按成型技术来说，应属雕刻；依其整体艺术形态而言，实似绘画，故习称为画像石。"①

汉画像石所依附的建筑物，大部分都是汉代特有的丧葬礼制性建筑，所以究其根源，汉代画像石艺术属于祭祀性的丧葬性艺术。汉画像石不仅在汉代将中国古代艺术发展到一定高度，也对汉代以后的艺术发展产生了巨大影响，在中国美术史上占有极为重要的地位。

汉画像石在汉代叫作"雕画"，而"画像"这个词最早在北宋末年赵明诚著作的《金石录》和南宋洪适的《隶释》书中出现过，由此可以判定"画像"一词和宋代的金石学著作有很大的关系，后来这个词沿用至今。汉画像石是一门综合性艺术，它综合了版画、建筑、雕塑、壁画等多种艺术形式。从画面上来看，汉画像石突出"雕"和"画"，一般情况下，画工在已经处理好的石头表面上先勾勒底稿，然后再经由石匠按照底稿进行雕刻，最后再经画工施以颜色，便算完成。

汉画像石中既能看到甲骨文的雕刻影子，也能看到青铜画像的技法遗

---

①俞伟超. 中国画像石概论//中国画像石全集（卷1）[C]. 济南：山东美术出版社，2000：3；刘庆柱，白云翔. 中国考古学·秦汉卷 [M]. 北京：中国社会科学出版社，2010：582.

留，从远古时期到西汉、东汉，它承袭了中国早期优秀文化的精髓部分，也是中国独有的、未受佛教等外来文化影响的自有文化。汉画像石的内容和普罗大众的生活息息相关，涉及的内容多数是和劳动生活、精神世界有关的，也几乎和同时期墓室壁画的内容有些许雷同之处。无论是历史故事的厚重，车马出行的壮观，还是天象神话的浪漫，这些都是汉代人留给后人的精神佳作，许多汉画像石艺人甚至都没有留下姓名，却让后人在汉画像石中找到了汉代威武、强盛的真实心声。

汉画像石经过工匠熟练的双手，以小刀为笔，以石为纸，创造出一个个生动的艺术形象，反映了其独特的艺术风格。流传于世的汉代各类画像石以其丰富的内容记录和反映了汉代的繁华世相，成为汉代社会万象的长轴画卷。汉代画像石的艺术价值和学术价值极其重大，用冯其庸先生的话说，它是"敦煌前的敦煌"，又说是印度佛教文化传入之前中国纯净的本土文化之精华。翦伯赞在《秦汉史》序中对画像砖也有很高的评价，他以为"除了古人的遗物以外，再没有一种史料比绘画雕刻更能反映出历史上的社会之具体的形象。同时，在中国历史上，也再没有一个时代比汉代更好的在石板上刻出当时现实生活的形式和流行的故事来。""这些石刻画像假如把它们有系统地搜集起来，几乎可以成为一部绣像的汉代史。"[1] 鲁迅先生曾经说："惟汉代艺术，博大沉雄。南阳汉画像石，可谓是汉代艺术的首席代表。"

"画像砖是模印或刻划有图像和花纹的砖，主要用于嵌砌、装饰墓葬。"[2] 汉画像砖指我国汉代运用于画像砖墓壁或地面建筑贴面的模印砖，是一种表面有模印、彩绘或雕刻图像的建筑用砖，它形制多样、图案精美、内容丰富、主题突出，深刻反映了汉代社会风情和审美风格，成为研究我国汉代特别是东汉时期的政治、经济、文化、民俗的重要遗产。它始于战国晚期，盛行于汉代，三国两晋南北朝继续流行。

汉代是中国历史上装饰墓十分盛行的时期，在当时汉帝国境内广大地区的墓葬中多有发现；除了北方黄河流域中下游地区和淮河流域之外，地处南

---

①翦伯赞. 秦汉史·序 [M]. 北京：北京大学出版社，1983：5.
②刘庆柱，白云翔. 中国考古学·秦汉卷 [M]. 北京：中国社会科学出版社，2010：536.

方长江流域上游的西南地区也是装饰墓盛行的地区。汉代装饰墓的主要种类有空心砖墓、花纹砖墓、壁画墓、画像石墓、画像砖墓、画像崖墓等。画像砖石的分布区域包括以南阳为中心的河南区域，山东、江苏、安徽和浙江区域，陕西区域，巴蜀区域。

二、汉画像石（砖）产生的背景

（一）社会生产力的发展

秦朝苛政使得民生凋敝，秦朝短命而亡。汉初统治者吸取秦王朝的教训，实行宽刑薄赋政策，以保养民力，促进社会经济恢复和发展。至汉武帝时，全国的生产力大大提高，国富民强，"国家无事，非遇水旱之灾，民则人给家足，都鄙凛庾皆满，而府库余货财，京师之钱累巨万，贯朽而不可校；太仓之粟陈陈相因，充溢露积于外，至腐败不可食；众庶街巷有马，叶陌之间成群"①。社会财富的剧增，雄厚的物质积累，为汉代画像石墓的产生奠定坚实的基础。

国家高度统一，经济发展迅速。至西汉中期，冶铁技术提高，铁制农具较为广泛地应用于农业生产，灌溉技术进一步发展，促使农业较快发展。汉武帝初年，农业的发展带动蓄养业的兴盛，当时的大地主"陆地牧马二百蹄，牛蹄角千，千足羊，泽中千足彘，水居千石鱼陂，山居千章之材"②。和林格尔壁画中有牧马、捕鱼等场景，体现了大庄园经济的繁荣景象。

随着社会生产力的提高，一些经济中心区的交通开始便利，人口众多的城邑，如长安、洛阳等，司马迁记载："安邑千树枣；燕、秦千树栗；蜀、汉、江陵千树橘；淮北、常山以南，河济之间千树萩；陈、夏千亩漆；齐、鲁千亩桑麻；渭川千亩竹；及名国万家之城，带郭千亩亩钟之田……"③汉武帝为增加政府财政收入，实行盐铁由国家垄断经营，并设置行政机构具体管理。在中央于大司农之下设盐铁丞，总管全国盐铁经营事业，于地方各郡县

---

①司马迁. 史记（卷30）［M］. 北京：中华书局，1973：1420.
②司马迁. 史记（卷129）［M］. 北京：中华书局，1959：3272.
③司马迁. 史记（卷129）［M］. 北京：中华书局，1959：3272.

设盐官或铁官经营盐铁产销。

手工业在汉代得到了长足的进步，冶铁业也由此得到发展，这些条件为汉画像石刻画水平的进一步提高提供了称心如意的雕刻工具。铁器自古受到统治阶级的重视，汉武帝时期，冶铁业是不允许私人经营的，必须是政府设立的机构才可以经营，所以便诞生了铁官和工官等官职。汉画像石出土数量颇多的南阳有多处冶铁遗址被发掘，也从一个侧面解释了南阳汉画像石无论从数量和质量上都数上乘的原因。"尤其是在今南阳市北关瓦房庄发现了一处汉代大型冶铁遗址，在三万多平方米的范围内出土了十七座炉体，各种冶铸铁器的炉子和铁制工具，另外，还发现炒钢炉和铸铁脱碳钢（将铁在半融状态下炒炼，以脱碳成钢）。"① 由此可见，冶铁业的发达程度对汉画像石的影响还是很大的。

（二）汉代厚葬之风的风气

汉武帝即位后，"罢黜百家，独尊儒术"，使得儒学在中国文化中居于统治地位。儒家学说的核心思想是"仁""孝"，"行孝"为仁之本。统治者极力倡导孝道，推动厚葬风气的形成。"在儒家的思想中，孝道占有重要位置……厚葬是致孝的表现。"② 厚葬也是汉人"显名立于世，光荣著于俗"的重要手段之一。《汉书·原涉传》记载：王莽时期，原涉的父亲在哀帝时曾任南阳太守，"及涉父死，让还南阳赙送"，原涉把送来的丧葬费全部退还，并"行丧冢庐三年，繇是显名京师。"原涉出名以后，"自以为前让南阳赙送，身得其名，而令先人坟墓俭约，非孝也。乃大治起冢舍，周阁重门。初，武帝时，京兆尹曹氏葬茂陵，民谓其道为京兆仟。涉慕之，乃买地开道，立表署曰南阳仟，人不肯从，谓之原氏仟。"③ "世以厚葬为德，薄终为鄙，至于富者奢僭，贫者单财，法令不能禁，礼义不能止，仓卒乃知其咎。"④ "今百姓送终之制，竞为奢靡。生者无担石之储，而财力尽于坟土。

---

①《中国冶金史》编写组. 河南汉代冶铁技术初探［J］. 考古学报，1978（1）：1－24，138－139.

②南阳汉代画像石编辑委员会. 南阳汉代画像石［M］. 北京：文物出版社，1985：3.

③班固. 汉书（卷92）［M］. 北京：中华书局，1962：3716.

④范晔. 后汉书（卷1）［M］. 北京：中华书局，1965：51.

伏腊无糟糠，而牲牢兼于一奠。糜破积世之业，以供终朝之费，子孙饥寒，绝命于此，岂祖考之意哉！"① 厚葬也成为世人赢得好名声和进入仕途的敲门砖，人们纷纷践行，有的人赡养老人时很节俭，老人去世后却厚葬，大肆宴请宾客而获得孝顺的好名声。

东汉人王符在《潜夫论·浮侈篇》中记载："今者京师贵戚，必欲江南檽梓豫章之木。边远下土，亦竞相仿效。夫檽梓豫章，所出殊远，伐之高山，引之穷谷，入海乘淮，逆河沂洛，工匠雕刻，连累日月，会众而后动，多牛而后致，重且千斤，功将万夫；而东至乐浪，西达敦煌，费力伤农于万里之地。"②

中国具有悠久的礼乐传统，自古以来较为重视葬礼和礼仪制度，厚葬可以说是中国古代风俗的一大特点，虽然各个朝代的经济发展和政治环境各不相同，但是厚葬风俗在两汉时期的发展状况不管是程度上还是规模上都超过其他时代。

丧葬作为一种文化现象，是人类社会发展到一定程度的产物，是社会意识形态的一种反映，对人们的生活产生深刻的影响。厚葬是丧葬制度的具体体现，在汉代最为盛行。因为两汉时，灵魂不灭观念深入人心，人们相信人死后还能在另外一世界继续生活，而且汉人多崇尚巫术，认为人们到了阴间依然可以享受生前的荣华富贵，"仅仅把汉墓安排成一个静止的理想世界并不能就此满足死后成仙的愿望，更重要的是如何通过艺术形象表现一个'死而不亡'的境界，即灵魂可以脱离死去的躯壳继续生存甚至进入仙境的过程"③。厚葬之风是画像石（砖）墓形成的重要因素之一。

东汉时期，统治者实行"举孝廉"制度，将"孝悌"列为选拔官员的重要标准，这在一定程度上也推动了汉代厚葬之风的盛行。甚至有些人为了骗取"孝悌"而达到升迁的目的，人们"崇饰丧纪以言孝，盛飨宾客以求名"，汉画像石在此时迎来自己的鼎盛时期，而迄今为止发现的汉画像石中，大都是东汉中晚期的作品，这在一定程度上也是汉代画像石鼎盛时期

①范晔. 后汉书（卷2）[M]. 北京：中华书局，1965：115.
②范晔. 后汉书（卷49）[M]. 北京：中华书局，1965：1636，1637.
③巫鸿. 礼仪中的美术：巫鸿中国古代美术史文编 [M]. 北京：生活·读书·新知三联书店，2005.

的反映①。

三、汉画像石（砖）的分布

汉代流行"谓死如生"的思想观念，将孝道提到了前所未有的高度，厚葬之风盛行，客观条件的存在都为汉代画像石、画像砖的产生创造了条件。先秦的绘画、雕刻、陶俑以及壁画、帛画、漆画为汉代画像石的发展提供了艺术创作源泉。诠释河南汉画像石艺术的出现、发展以及文化内涵，对了解中原文化有极其重要的意义。

汉代画像石、画像砖是汉文化当中的重要组成部分，现代的考古资料证明，它最早出现在西汉中期，东汉中期开始盛行，东汉末期逐渐趋于衰落。汉代画像石、画像砖是特定历史时期的一种艺术品，具有明显的时代烙印。研究它对了解汉代的政治、经济、文化的演绎意义深远。

汉代画像石（砖）的分布范围十分广泛，在全国各地都有发现，从公布的资料和研究成果来看，主要集中在河南、山东、陕北、四川等地，应该是和汉代这几个地区良好的经济、文化以及民风、民俗有着密切的关系。

本书的主要目的是对河南地域发现和保存的画像石和画像砖分区分类进行系统的分析和比较研究。并且对以南阳为中心的豫南地区、许昌市周围的豫中地区和商丘市周围的豫东地区、以洛阳为中心的豫西地区，还有鹤壁周围的豫北地区画像石和画像砖存在的人文、地理环境进行研究，为河南汉画像石、画像砖的整体发展、演变刻画出一个全面的艺术发展脉络。

河南的历史在中华文明的历史长河中留下了深刻的烙印，西汉、东汉时期的灿烂文化在河南都留下了痕迹。每一种艺术的出现都有明显的时代烙印和地域特征。比如南阳在两汉时期属荆州刺史部南阳郡辖地，经济、文化发达；洛阳曾为东汉都城，是当时的政治经济文化中心。画像石、画像砖研究是汉代文化研究的重要组成部分，其成果对了解汉代社会形态、文化状态有重要意义。

①信立祥. 汉代画像石综合研究［M］. 北京：文物出版社，2000：18.

四、前期研究成果及研究现状

汉代画像石主要是采用石材雕刻而成的艺术品，是墓室、石棺椁、石祠堂、石阙的建筑材料和装饰构件。它的内容丰富，有宣扬封建等级制度和"成教化、助人伦"的题材，也有神话故事和美丽传说，还有反映当地民俗民风的内容情节。在北魏郦道元的《水经注》"济水"条就有关于汉代祠堂画像的记载。他引用于东晋戴延之《西征记》"焦氏山北数里，有汉司隶校尉鲁恭冢。鲁恭冢前有石祠、石庙，四壁皆青石隐起，自书契以来，忠臣、孝子、贞妇、孔子及弟子七十二人形象，像边皆刻石记之，文字分明"的记述①。

目前从汉代画像石的研究成果来看，其研究大致分为三个阶段：

第一阶段是受宋徽宗的影响，金石学研究开始兴起，一些文人开始对青铜器、石鼓文、碑帖、汉画像石进行研究。赵明诚《金石录》首次记录山东嘉祥武氏祠画像及其榜题。元代和明代，由于学术界萎靡不振，金石学日渐衰退，关于汉代画像石的作品和研究越来越少。不过这种情况在进入清代以后大有改观，清代乾嘉学派日益强大，金石学紧随其后逐步复兴发展，汉画像石因此再一次进入金石学家的研究范畴中。这个阶段的特点是，没有系统的发掘，散落在各个地方且没有经过科学严谨调查的画像石并不为广大学者所知，而绝大多数的学者连画像石的实物都没有看过，只是以拓片作为其研究资料，所以研究的汉画像石不成规模，墓碑也都比较零散，研究内容过于片面化，主要精力放在了铭刻文字、历史题材等上面，却对无文字题榜的画像石没有加以重视。

第二个阶段从20世纪初开始，直到20世纪60年代结束，现代考古学在这个阶段中发挥了重要的作用，学者们采用现代科学的方法，利用考古学的技术，实地测量并且记录，研究成果自然就走出了金石学家的固有思维，进入真正意义上的考古阶段。

1930年，关百益出版了《南阳汉画像集》；1937年，南阳在汉画界迅速

---

①郦道元. 水经注［M］. 王国维校注. 上海：上海人民出版社，1984：291.

引起多方注意，南阳汉画像石的独特风格也开始吸引大批学者的目光。20 世纪 30 年代，滕固先生在《南阳汉画像石刻之历史及风格的考察》一文中，通过与希腊、罗马石刻艺术的对比，将汉画像石的雕刻技法归纳为"拟绘画的"和"拟浮雕的"两大类，这一分类原则，直到今天仍未失去意义①。

通过第二个阶段的大量研究，尤其是实地考察之后的研究，汉代画像石在中国的大体分布情况、表现手法、艺术特色等已经形成了初步的轮廓，这为第三个阶段乃至今天的发展打下了坚实的基础。

第三阶段即 20 世纪 60 年代，这是汉画像石的全面研究阶段，不过早在这之前的 50 年代，已经有考古研究者关注到了隐蔽在汉画像考古资料背后的关于社会关系的考察，也关注到了全国各个区域发展上的不均衡性及其阶段性，这就涉及了考古学分期方面的研究，所以，开始有学者对汉画像石做更加详细的研究，即分区与分期。同时，汉画像的研究不再有局限性，而是扩展到各个方面，有雕刻技法、题材内容、构图方式、相互联系等等。汉画像石中大量体现了汉代礼仪、习俗、宗教信仰等，同时，汉画像石依附的建筑专题研究同步进行，使得汉画像的研究显现出百花齐放的状态。

无论是国内学者还是国外学者，汉画像石都吸引着他们的关注。清末汉代画像石的重新发现，让汉画像艺术走出国门，走向世界。日本、英国等多个国家的研究学者争先恐后研究汉画，这些学者以不同的背景和视角对汉画像石进行研究，且取得了令人瞩目的成果。日本的学者对汉画像石的研究成绩斐然。1965 年，长广敏雄出版的《汉代画像の研究》一书②，详细描述并研究了汉代画像石、汉代画像砖、汉代壁画墓，并将它们逐一进行比较性研究，颇具意义。1966 年林已奈夫发表《东汉时期的车马行列》，他对汉代的车舆等级制度进行研究，并和汉代画像石中的"车马出行图"联系起来。1974 年，长广敏雄出版《南阳の画像石》③，更加细致地描述南阳地区的汉代画像石并且进行全面分析研究，包括艺术风格和题材内容等都有陈述。

---

①滕固. 腾固艺术文集［M］. 上海：上海美术出版社，2003：71.
②长广敏雄. 汉代画像の研究［M］. 中央公论美术出版，1965.
③长广敏雄. 南阳の画像石［M］. 京都大学人文科学研究所研究报告，1974.

1986 年，日本学者土居淑子出版了《古代中国の画像石》①。此外，汉代画像石的图像资料也被外国史学家、艺术家等充分利用，如英国剑桥大学鲁惟一教授（LoeZwe，Michael）编著的《剑桥中国秦汉史》，就运用了大量汉代画像石的图像资料来表现历史②。

从清代开始到现代，已经发表的汉代画像石研究方面的考释文章、论述、发掘报告数量较多，出版的画像图录和专著也比较多。具有代表意义的是：中国画像石全集编辑委员会的《中国汉画像石全集》③，关百益的《南阳汉画像集》；南阳汉代画像石编辑委员会的《南阳汉代画像石》④，孙文青的《南阳汉画像汇存》⑤，阎根齐的《商丘汉画像石》⑥ 收录商丘地区出土的汉画像石 200 多幅，其题材以祥瑞辟邪的珍禽异兽为主，具有浪漫色彩的风格；信立祥的《汉代画像石综合研究》⑦ 主要对汉画像石以及汉画像砖、汉壁画进行了综合研究，对孔望山汉代摩崖造像等进行了多方面的专题研究。顾森的《中国汉画图典》⑧，瞿中溶的《汉武梁祠画像考》⑨，王建中的《汉代画像石通论》⑩ 主要论述汉代画像石发生、发展、衰落的过程以及其历史、科学、艺术价值；傅惜华的《汉代画像全集》⑪，吴曾德的《汉代画像石》⑫，萧亢达的《汉代乐舞百戏艺术研究》⑬ 对出土的汉代大量的乐器实物、乐舞壁画、乐舞画像石（砖）阐释，展示汉代乐舞的绚丽多彩，对后世影响深远；蒋英炬、杨爱国的《汉代画像石和画像砖》⑭ 综合阐述汉画像石与画像

①土居淑子. 古代中国の画像石 [M]. 同朋舍出版，1986.

②刘珊宏. 汉画像石的文化渊源与艺术特点研究 [D]. 武汉：湖北工业大学，2010.

③中国画像石全集编辑委员会. 中国画像石全集 [M]. 郑州：河南美术出版社，济南：山东美术出版社，2000.

④南阳汉代画像石编辑委员会. 南阳汉代画像石 [M]. 北京：文物出版社，1985.

⑤孙文青. 南阳汉画像汇存 [M]. 扬州：江苏广陵古籍刻印社，1999.

⑥阎根齐，米景周，李俊山. 商丘汉画像石 [M]. 郑州：河南美术出版社，1992.

⑦信立祥. 汉画像石综合研究 [M]. 北京：文物出版社，2000.

⑧顾森. 中国汉画图典 [M]. 杭州：浙江摄影出版社，1997.

⑨瞿中溶. 汉武梁祠画像考 [M]. 北京：北京图书馆出版社，2004.

⑩王建中. 汉代画像石通论 [M]. 北京：紫禁城出版社，2001.

⑪傅惜华. 汉代画像全集 [M]. 北京：学苑出版社，2014.

⑫吴曾德. 汉代画像石 [M]. 北京：文物出版社，1984.

⑬萧亢达. 汉代乐舞百戏艺术研究 [M]. 北京：文物出版社，2010.

⑭蒋英炬，杨爱国. 汉代画像石和画像砖 [M]. 北京：文物出版社，2001.

砖的题材内容、表现技法及研究简史，按分布地域对其进行较为全面的分析和总结；高文的《四川汉代画像石》① 阐释了四川地区汉代墓葬出土的汉画像石，题材丰富，形象反映当时人们的生产和生活。韩玉祥、李陈广的《南阳汉代画像石墓》② 重点介绍并还原南阳地区出土的汉画像石墓葬情况及画像石，并探索南阳汉画像石墓墓门、墓室、墓顶结构砌筑方法的变化及地域性的序列组合特点等。凌皆兵、王清建、牛天伟主编的《中国南阳汉画像石大全》③ 收入南阳汉画馆馆藏画像石的拓片 2000 多幅，几乎囊括南阳汉画馆的全部馆藏品；宋艳萍的《汉代画像与汉代社会》④ 将全国范围出土的具有代表性的画像石与汉代社会相互印证，以图解史，以史证图，依据传统文献和出土简牍，对汉代画像与汉代社会加以研究。

从以上研究成果来看，国内外对画像石的研究已经取得很大的进展，但也存在明显的不足。如画像石区域间的联系和相互影响，题材的异同和地域民俗的关系，以及画像石艺术的发展与民族迁移间的问题等等，都需要进一步的探讨。

20 世纪 80 年代以后，关于画像砖研究的文章和著作逐渐增多，黄明兰《洛阳汉画像砖》⑤ 介绍洛阳地区汉画像砖的兴起和制造，对其进行分类，并归纳出洛阳汉画像砖的艺术特点；张秀清《郑州汉画像砖》⑥ 论述了郑州地区出土的汉画像砖的构图法、内容分类和艺术特点；黄留春《许昌汉砖石画像》⑦ 介绍许昌地区出土的汉画像石具有较高的艺术水平，许昌出土的画像砖的题材和艺术风格独具特色；周到、吕品、汤文兴《河南汉画像砖的艺术风格和分期》⑧ 对河南各地出土的汉画像砖的艺术风格和特点进行分析。南阳地区文物研究所《南阳汉代画像砖》⑨ 着眼于南阳地理历史概况和经济

①高文. 四川汉代画像石 [M]. 成都：巴蜀书社，1987.

②韩玉祥，李陈广. 南阳汉代画像石墓 [M]. 郑州：河南美术出版社，1998.

③凌皆兵，王清建，牛天伟. 中国南阳汉画像石大全 [M]. 郑州：大象出版社，2015.

④宋艳萍. 汉代画像与汉代社会 [M]. 福州：福建人民出版社，2016.

⑤黄明兰. 洛阳汉画像砖 [M]. 郑州：河南美术出版社，1988.

⑥张秀清，张松林，周到. 郑州汉画像砖 [M]. 郑州：河南美术出版社，1988.

⑦黄留春. 许昌汉砖石画像 [M]. 郑州：河南美术出版社，1994.

⑧周到，吕品，汤文兴. 河南汉画像砖的艺术风格和分期 [J]. 中原文物，1980 (3)：8 – 14.

⑨南阳文物研究所. 南阳汉代画像砖 [M]. 北京：文物出版社，1990.

政治状况，探讨汉代画像砖产生的历史背景和南阳画像砖墓的分期和画像内容；吕品《中岳汉三阙》① 较为综合地介绍中岳汉三阙的沿革、结构、画像和铭文内容；河南省文物研究所《密县打虎亭汉墓》② 介绍密县的地理环境、历史沿革和有关打虎亭汉墓的传说、发现与发掘经过等，分别介绍打虎亭一号、二号墓的墓葬形制、墓内石刻画像、画像间的刻字与刻符、墓内壁画、墓道中填埋的石刻画像残块等，对这两个墓的墓葬时代、墓室主人、所反映的东汉中上层阶级的生活习俗、思想意识及石刻画像与壁画的艺术成就等进行了深入的探讨。近年来随着考古资料不断增加，学者们对画像砖的研究也逐步深入。目前研究文章主要有以下几类。硕博士论文类：姚义斌的《六朝画像砖研究》③ 从六朝画像砖的分期和分区入手，系统阐述了六朝画像砖的文化、思想、艺术的源流和流布线索，并从制作、工艺等方面反映六朝画像砖的艺术成就。刘静静的《洛阳汉画像砖艺术研究》④ 从洛阳汉画像砖的起源、表现内容、制作工艺与艺术表现手法、地域特色、审美意蕴等五部分来进行探讨和研究，使人们对于洛阳汉画像砖有一个较为直观的了解；董睿的《河南两汉画像砖艺术研究》⑤ 将河南汉画像砖的发展分为三期，西汉早期和中期是初步形成时期，西汉中期和东汉早期是兴盛期，东汉中期和晚期是式微期。韩炜炜《河南汉画像石和画像砖墓神话类形象解析》⑥、王莹《河南画像砖地域特征研究》⑦、刘雯《汉魏六朝画像砖研究》⑧ 等。发掘简报类：洛阳博物馆《洛阳西汉墓发掘简报》⑨、郑州市博物馆《郑州市乾元北街空心画像砖墓》⑩、张秀清《河南新郑出土的汉代画像砖》⑪、樊温泉

---

① 吕品. 中岳汉三阙 [M]. 北京：文物出版社，1990.
② 河南省文物研究所. 密县打虎亭汉墓 [M]. 北京：文物出版社，1993.
③ 姚义斌. 六朝画像砖研究 [M]. 徐州：江苏大学出版社，2010.
④ 刘静静. 洛阳汉画像砖艺术研究 [D]. 开封：河南大学，2011.
⑤ 董睿. 河南两汉画像砖艺术研究 [D]. 郑州：郑州大学，2005.
⑥ 韩炜炜. 河南汉画像石和画像砖墓神话类形象解析 [D]. 郑州：郑州大学，2012.
⑦ 王莹. 河南画像砖地域特征研究 [D]. 郑州：郑州大学，2013.
⑧ 刘雯. 汉魏六朝画像砖研究 [D]. 济南：山东大学，2014.
⑨ 朱亮. 洛阳西汉墓发掘简报 [J]. 考古，1983（1）：807 – 809.
⑩ 张松林. 郑州市乾元北街空心画像砖墓 [J]. 考古，1985（1）：5 – 9.
⑪ 张秀清，等. 河南新郑出土的汉代画像砖 [J]. 中原文物，1986（1）：17 – 22.

《密县汉画像砖的分期与研究》①、张秀清《郑州又发现一批汉画像砖》《河南郑州新发现的汉代画像砖》②、洛阳地区文物管理委员会《宜阳牌窑西汉画像砖墓清理简报》③、河南省文物研究所《郑州市向阳肥料社汉代画像砖墓》④、周口地区文化局《河南西华县发现汉画像砖墓》⑤、马钺锋《河南省中原石刻艺术馆收藏一批汉代空心画像砖》⑥、新郑县文物保管所《新郑山水寨沟汉画像砖墓》⑦、南阳地区文物研究所《新野樊集汉画像砖墓》⑧、河南省文物研究所《河南长葛出土的汉代画像砖》⑨、郑州市文物考古研究所《郑州市南关外汉代画像空心砖墓》⑩。综合研究类：《河南画像砖全集》⑪等。分地区研究类：张淑霞《许昌汉魏画像砖、石的特点以及艺术价值》⑫、吕品《河南汉代画像砖的出土与研究》⑬。多方面角度研究类：朱存明《汉代画像所表现的传统审美观念的现代意义》《汉画像的象征世界》⑭、顾森《秦汉绘画史》⑮等主要从美学的角度出发，来研究画像砖深层次的美学内涵。

综上所述，关于河南地区画像砖的研究领域有很多类型。其中，以神仙故事和历史故事类为主，还包括乐舞百戏类、社会生活类等。

五、研究思路与方法

本书所采用的研究方法主要是实地考察图像资料收集，研读与现代汉画

---

①樊温泉，李卫东. 密县汉画像砖的分期与研究［J］. 江汉考古，1998（4）：62 – 67.

②张秀清. 郑州又发现一批汉画像砖［J］. 中原文物，1985（2）：17 – 19；张秀清. 河南郑州新发现的汉代画像砖［J］. 文物，1988（5）：61 – 67.

③洛阳地区文物管理委员会. 宜阳县窑西汉画像砖墓清理简报［J］. 中原文物，1985（4）：5 – 12，126.

④河南省文物研究所. 郑州市向阳肥料社汉代画像砖墓［J］. 中原文物，1986（4）：34 – 38，41，104.

⑤张志华，等. 河南西华县发现汉画像砖墓［J］. 考古，1988（1）：55 – 56.

⑥马钺锋. 河南省中原石刻艺术馆收藏一批汉代空心画像砖［J］. 中原文物，1989（2）：84 – 89.

⑦乔志敏，刘松根. 新郑山水寨沟汉画像砖墓［J］. 中原文物，1990（1）：35 – 40.

⑧赵成甫. 新野樊集汉画像砖墓［J］. 考古学报，1990（4）：475 – 509.

⑨河南省文物研究所. 河南长葛出土的汉代画像砖［J］. 华夏考古，1992（1）：63 – 82.

⑩张文霞，郝红星，张松林. 郑州市南关外汉代画像空心砖墓［J］. 中原文物，1997（4）：30 – 48.

⑪中国画像砖全集编辑委员会. 河南画像砖全集［M］. 成都：四川美术出版社，郑州：河南美术出版社，2006.

⑫张淑霞. 许昌汉魏画像砖、石的特点以及艺术价值［J］. 华夏考古，1998（3）：84 – 88.

⑬吕品. 河南汉代画像砖的出土与研究［J］. 中原文物，1989（3）：51 – 59.

⑭朱存明. 汉画像的象征世界［M］. 北京：人民文学出版社，2005.

⑮顾森. 秦汉绘画史［M］. 北京：人民美术出版社，2000.

像石成果的吸收为辅，将从区域分布、地域特征、社会背景以及影响和传播
入手，从不同的角度和方向，对河南汉画像石和画像砖进行系统全面的调查
和研究。为读者和学者全面了解河南画像石、画像砖的发展演变，提供一个
可靠的图像资料和数据库，并深入分析汉画像所反映的汉代河南地区的社会
生活、社会思潮的发展。

河南汉画像石概述

第一节　河南汉画像石墓的分期、分布及形制

一、河南汉画像石墓的发现与分期

中国的墓葬形制发展是先有土洞墓，后有画像砖墓和画像石墓，这与生产力和材质有很大的关系。从河南发现的考古资料来看，汉画像砖墓早于汉画像石墓。画像砖墓在战国晚期开始出现，西汉早期在河南地域迅速发展。而画像石墓的出现要相对晚些。汉代汉画像砖墓、画像石墓和壁画墓在河南都十分流行，都是汉代墓葬研究的典型实例，对解析汉代的政治、经济、文化发展具有重要的研究价值。

河南地区的汉画像石墓，从王莽时期和东汉初期开始，迎来了自己发展的成熟期。按照先后顺序划分为西汉前期、西汉后期、新莽时期、东汉前期、东汉中晚期、东汉末期至曹魏时期七个发展阶段①。周到、吕品《南阳汉画像石简论》②一文认为，汉画像石墓的早期为西汉晚期至新莽时期，中期为东汉早期，晚期为东汉末期；萧亢达在《汉代南阳郡与南阳汉画像石墓》一文中认为汉画像石墓的早期为西汉昭宣至新莽时期，中期为东汉建立到安帝时期，晚期为安顺以后③。

①黄雅峰. 河南汉墓壁画艺术 [J]. 南都学坛（哲学社会科学版），1998（2）：17-20.
②周到，吕品. 南阳汉画像石简论 [J]. 中原文物，1982（2）：41-47.
③南阳汉代画像石学术讨论会办公室. 汉代画像石研究 [M]. 北京：文物出版社，1987.

从目前已知的资料来看，河南地区发现较早的汉画像石墓，是1962年发掘的南阳市杨官寺汉墓和1976年发掘的南阳市赵寨砖瓦厂墓。

河南汉画像石墓的分期如下：

第一期（西汉中期），以南阳赵寨画像石墓、唐河湖阳画像石墓为代表①，其时代为西汉中期偏晚期。

南阳市赵寨砖瓦厂画像石墓，墓门东向，砖石混筑结构，平面几乎为正方形，内部分为前室、后（主）室和南北侧室。画面比较集中分布在墓门石的正面位置，墓门共有四个门道；门柱石有五块，刻画的内容均相同，门柱上部为带有三层屋顶的门阙，而下部刻画有图案，图案呈菱形；门扉石也为五块，双阙厅堂图位于上部，下部刻画穿壁纹；庑殿顶部雕刻巨大的铺首衔环，屋脊两侧有双阙，双阙上站立有凤凰，厅堂两侧有桃形树冠的树木②。

第二期（西汉晚期），以南阳市杨官寺画像石为代表。南阳市杨官寺汉墓，墓门东向，分前室、南北二主室（中室）、南北二侧室和后室六部分。各室之间都有门相通。该墓共有画像石十四块，刻有画面十四幅，所刻画像朴实稚拙。墓门北侧的门柱石，顶端有朱雀，下部为常青树。南主室南扇门正面雕刻有四层楼阁式建筑，下层有对称的二柱，两柱之间雕有铺首衔环的双门。在楼顶的房脊中央，雕刻有飞凤。楼阁中刻有一牛一熊一人搏斗形象，为南阳汉画像石中较早出现的斗牛形象，所刻画的内容涵盖建筑、人物、斗兽等，是研究南阳汉画像石墓的重要资料③。

同时期的画像石墓有唐河石灰窑汉墓、针织厂汉墓及商丘地区夏邑县吴家村汉墓等。

唐河县石灰窑村墓，墓向西南，墓室用未经打磨的粗糙石板构筑，中间由隔墙分为东西二室，两室之间有过洞相通，两室后壁不用石材，而是直接在土圹上开出一个放置随葬品的不规则形龛室。画像集中配置在墓门石上，共计有五幅，其中东室分别有左门扉石和右门扉石，位于门额石正面的位置都刻有一幅画像，而东门柱上却刻着两幅画像。门额石上面的图像，为垂幛

①南阳地区文物工作队，唐河县文化馆. 唐河县湖阳镇汉画像石墓清理简报 [J]. 中原文物，1985 (3)：8-13.
②闪修山，刘玉生. 南阳县赵寨砖瓦厂汉画像石墓 [J]. 中原文物，1982 (1)：5-8.
③安金槐. 河南南阳杨官寺汉画象石墓发掘报告 [J]. 考古学报，1963 (1)：111-139.

纹和菱形穿壁纹，东门柱的正面刻画有三角形，侧面还有一个执戟门吏。两块门扉石的图像内容基本相同，下方刻有铺首衔环，上方刻有双阙厅堂图。从整个发掘出的画像上来看，双阙厅堂图在其中是最重要的的图像，高耸的两层屋顶双阙之间，是一座庑殿顶厅堂，厅堂内有一个冠服人物正襟危坐，旁边站立侍者，双阙外侧各有一株桃形树冠的树木①。

从这三座汉代画像石墓的介绍可以了解到，河南汉画像石墓出现于西汉中期，西汉晚期开始在河南全域流行。目前根据考古发掘资料和实地考察资料，在河南地域有多座汉画像石墓发现，具体情况参考附录表1。

第三期（新朝时期），以唐河县新店村发掘的郁平大尹冯君孺人画像石墓为代表。该墓为砖石结构，墓中的画像石刻在门扉、门楣、主室及廊壁间，画像题材有门阙、厅堂、官吏、乐舞、珍禽瑞兽等，题记中有"郁平大尹冯君孺人始建国天凤五年"字样②。

第四期（东汉早期），以南阳英庄画像石墓③为代表。该墓为砖石结构，由墓门、前室、南北两主室组成。墓门、门楣、中柱、侧柱、门扉、前室及盖顶石均刻有画像，内容有门吏、白虎铺首衔环、乐舞百戏、瑞兽、嫦娥奔月等④。

同时期还有南阳王寨汉墓⑤、石桥汉墓⑥、军帐营汉墓⑦、唐河针织厂二号汉墓⑧、商丘市永城僖山汉墓和固上村二号汉墓⑨等。

第五期（东汉中期），以邓州长冢店墓画像石墓⑩为代表，该墓是砖石结构，有墓道、前室、主室和二侧室。门扉、门楣、门柱、横梁上均刻有画

---

① 赵成甫，张篷西，平春照. 河南唐河石灰窑村画像石墓［J］. 文物，1982（5）：79 - 84.

② 中国画像石全集编辑委员会. 中国画像石全集·河南汉画像石［M］. 郑州：河南美术出版社，济南：山东美术出版社，2000：7.

③ 陈长山，魏仁华. 河南南阳英庄汉画像石墓［J］. 中原文物，1983（3）：103 - 107，123 - 124.

④ 中国画像石全集编辑委员会. 中国画像石全集·河南汉画像石［M］. 郑州：河南美术出版社，济南：山东美术出版社，2000：7.

⑤ 仁华，长山. 南阳县王寨汉画像石墓［J］. 中原文物，1982（1）：16 - 20，72 - 73.

⑥ 南阳博物馆. 河南南阳石桥汉画像石墓［J］. 考古与文物，1982（1）：33 - 39.

⑦ 南阳博物馆. 河南南阳军帐营汉画像石墓［J］. 考古与文物，1982（1）：40 - 43.

⑧ 南阳地区文物队. 唐河县针织厂二号画像石墓［J］. 中原文物，1985（3）：14 - 20.

⑨ 王与刚，周到. 河南永城固上村汉画像石墓［J］. 河南文博通讯，1980（1）：37 - 41.

⑩ 长山，仁华. 邓县长冢店汉画像石墓［J］. 中原文物，1982（1）：21 - 27，74 - 75.

像，内容多为逐疫升仙、舞乐百戏、门吏奴婢、日月星辰等。

同时期的画像石墓还有方城东关汉墓①等。

第六期（东汉晚期），以郑州密县打虎亭一号汉墓为代表。该墓为砖石结构，由两前室、一中室、两后室、一侧室和两耳室组成。画像内容多为侍女图、庖厨图、宴饮图、瑞兽珍禽图等。同时期的画像石墓有南阳许阿瞿墓②、新野前高庙墓③、方城县党庄墓④、南阳市中原技校汉墓；平顶山有襄城县茨沟墓；商丘市有永城酂城墓⑤；鹤壁有浚县姚丁村墓⑥等。

二、河南汉画像石的地域分布

河南省发现或出土过汉画像石的县市有南阳、唐河、邓州、偃师、禹州、新密、襄城、桐柏、方城、叶城、登封、开封、正阳、商丘、永城等；出土过画像砖的县市有新野、洛阳、郑州、淅川、平顶山、巩义、舞阳、禹州、荥阳、新密、中牟、鄢陵、扶沟、许昌、新安、宜阳、唐河、偃师、邓州、西华、尉氏、夏邑等地；就单个画像石墓而言，以南阳杨官寺、襄城茨沟、新密打虎亭的汉画像石墓规模为最大；河南地面石刻画像，目前仍以登封境内的太室阙、少室阙、启母阙和正阳县境内的汉石阙最著名⑦。

孙广清在《河南汉代画像石的分布与区域类型》中，将汉画像石分为豫南地区、豫中地区、豫东地区、豫北地区。豫南地区汉代画像石分布地域较广，以南阳为中心，北到郊县、襄城一带，南到鄂北，东抵京广线，西至西峡，大致是汉代南阳郡及其边缘附近，而从具体城市来看，河南汉画像石主要分布于南阳、许昌、商丘、登封、新密等地，其中尤以南阳、商丘、新密最为集中⑧。

①魏仁华，刘玉生. 河南方城东关汉画像石墓 [J]. 文物，1980 (3)：69－72.

②南阳市博物馆. 南阳发现东汉许阿瞿墓志画像石 [J]. 文物，1974 (8)：73－75.

③南阳地区文物工作队，新野县文化馆. 新野县前高庙村汉画像石墓 [J]. 中原文物，1985 (3)：3－7.

④南阳地区文物队. 方城党庄汉画像石墓：兼谈南阳汉画像石墓的衰亡问题 [J]. 中原文物，1986 (2)：45－51.

⑤闫根齐，米景周，李俊山. 商丘汉画像石 [M]. 郑州：河南美术出版社，1992.

⑥高同根. 简述浚县东汉画像石的雕像艺术 [J]. 中原文物，1986 (1)：88－90.

⑦李发林. 汉画考释和研究 [M]. 北京：中国文联出版社，2000.

⑧孙广清. 河南汉代画像石的分布与区域类型 [J]. 华夏考古，1991 (3)：100.

本文结合以上几种类型的分布情况，将河南地区的汉画像石分布划分为豫南地区、豫中地区、豫东地区和豫北地区。

三、河南汉画像石墓的形制

如果对墓室的建筑材料进行分类，两汉时期的画像石墓可以分为纯石结构墓和砖石混合结构墓两大类。所谓砖石混合结构墓，是指墓室门即门扉、门柱、门额用石材，其他部分如墓顶、墓壁、墓底都用砖来构筑的墓。在这种结构的墓中，画像只能配置在墓室门上。在纯石结构墓中，可以根据需要，将画像配置在墓门和墓室任何壁面上。因此，纯石结构墓，往往墓门和墓室满刻画像，画像面积巨大的程度是砖石混合结构墓无法企及的。

从墓葬形制来分析，河南地区汉画像石墓可以分为以下几种类型。

第一种类型是主室即棺室周围设有回廊的回廊式画像石墓。这种类型的画像石墓又可以分为两种，一种是砖石混合结构的回廊式画像石墓，1978年在河南省唐河县新店村发掘的王莽天凤五年（公元18年）郁平大尹冯孺人墓为代表。该墓方向正东，平面呈回字形，前部为长方形的前室，前室两侧附有南车库和北车房，中室西部是并列的南后（主）室和北后（主）室，中室南北两侧有门和回廊相通。该墓墓室顶部有三种结构，中室为穹隆顶，前室和南车库、北车房为砖券顶，其他墓室都是铺设平板盖石的平顶。在墓室中发现了八处石刻文字题记，清楚地标明了墓主人的姓名和身份、建墓年代以及一些墓室的名称和用途。墓中共发现画像石三十五块，画像上均施朱色。

另一种是纯石结构的画像石墓，以1971年发掘的河南省唐河县针织厂墓为代表[①]。该墓墓门向东，由前室、主室和回廊组成，主室由隔墙分为南主室和北主室，各室顶部均为铺设石板的平顶结构。墓门、各室壁面、前室和主室的顶部均雕刻画像，这是迄今在南阳地区发现的画像内容最丰富、墓室画像面积最大的汉画像石墓。（图1-1）

---

①周到，李京华. 唐河针织厂汉画像石墓的发掘［J］. 文物，1973（6）：26-40.

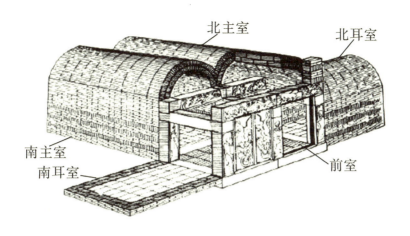

北主室　　北耳室

南主室　　前室
南耳室

图 1 - 1　带墓室的墓透视图

　　第二种类型的画像石墓，是纵向有三重或四重墓室，并且两侧附有耳室和侧室的多室墓。这种类型的大型画像石墓大约在东汉中期以后才出现，主要流行于东汉晚期，按照其建筑用的材料，也可以分为砖石混合结构墓和纯石结构墓两种。1963 年发掘的河南襄城县茨沟汉画像石墓，是砖石混合结构画像石墓的代表。该墓墓门向西，由前室、中室、后室和左前室、左后室、右前室、右耳室共七个墓室组成。其中前室和右耳室为券顶，其他各室均为穹隆顶。墓室中只有各室门用石材构筑，其他部分均用砖砌筑而成。由于该墓早年被盗，部分画像石遭到破坏，发掘时仅仅发现五块画像石。在中室北壁的中部，发现了一处朱书题记，文为“永建七年正月十四日造……”永建为东汉顺帝年号，永建七年为公元 132 年[①]。

　　第三种类型，是由前后两重主要墓室组成的、平面呈日字形或凸字形的画像石墓。这种类型的画像石墓也有纯石结构和砖石混合结构两种形式。1972 年发掘的河南省南阳市石桥画像石墓被看成是这种墓室形制的典型墓例。该墓的墓门东向，由前室及两侧的左耳室、右耳室、南后（主）室、北后（主）室共五个墓室组成，画像石集中配置在墓门和各室之门，各室顶部均为券顶，从墓形和出土随葬品的特征来看，该墓属于东汉早期画像石墓[②]。

　　从以上的资料不难看出，河南地区的汉画像石墓有着共同的特征，那就

　　① 贾峨，赵世網. 河南襄城茨沟汉画象石墓 [J]. 考古学报，1964（1）：111 - 131，151 - 154.
　　② 河南省文化局文物工作队. 河南南阳石桥汉画像石墓 [J]. 考古与文物，1982（1）：39.

是不仅打破了木椁墓简单的平顶箱式结构，采取了与人间居室相近的房屋建筑形式，而且随着墓室建筑规模的不断扩大，画像面积也在不断增大，尤其是各类画像内容实现了更有规律的配置。

第二节 河南汉画像石的分类及艺术特点

一、河南汉画像石的材料及功能

河南位于中国中东部地区，地势西高东低，北、西、南三面千里太行山脉、伏牛山脉、桐柏山脉、大别山脉沿省界呈半环形分布；中、东部为华北平原南部；西南部为南阳盆地，跨越黄河、淮河、海河、长江四大水系，山水相连。河南地区的汉画像石所使用的材质，大致可以分为青石、红石、砂岩、纯度不高的花岗岩等。青石是石灰石的一种，石质较细，硬度较高，打平磨光后呈灰蓝色或灰白色。砂石也就是所谓的页岩，呈淡褐色，因其质地粗糙含砂粒，所以称为砂石。石质的不同，艺术效果也会有所差异。画像石一般就近取材，因此带有画像石的汉墓大多集聚在山区，而平原地区的石材往往是从附近的山区通过水运的方式运输而来。

从汉画像石的使用功能和用途上看，可以将其简单分为八个类别：门扉石、门柱石、门楣石、门槛石、墓壁石、墓顶石、门额石、石柱础；从形制上看，分为长方形、正方形、圆形和半圆形，以长方形为主，方形、圆形和半圆形很少；这些汉画像石依据墓葬形制的不同而被安放在不同的位置[①]。

根据目前所发现的资料，河南地区的汉代画像石在用途上，主要起到的作用是装饰、表明墓主人身份等，而具体来看，八个类别的汉画像石也各有特色：

（1）门扉石：一般为长方形，多数门扉上都刻有铺首衔环，同时还有四神等祥瑞之物。

---

①渠超. 许昌汉画像石及相关问题研究 ［D］. 郑州：郑州大学，2009.

（2）门柱石：整体为长条柱状，一般情况下位于墓门两侧，它和墓门上部的门楣石一起构成门框。

（3）门楣石：形状为长方条形，它与门槛石、门柱石构成了门框。门楣石上多数刻画有祥瑞、辟邪等图案。

（4）门槛石：长方形，在两门柱石之间，大小没有标准。

（5）墓壁石：长方形，大小不统一。

（6）门额石：它在门楣石的上方，有半圆形、长方形等形状，上面刻画内容为祥瑞辟邪。

（7）墓顶石：它的作用在于封盖墓室。

（8）石柱础：形状多为正方形，一般在柱子的周围刻画有四神形象。

夫妻合葬墓的墓门，出土于南阳市方城县东关，墓葬为砖石混合结构，共使用石料13块，正反两面都有雕刻，其中画像石9块，画幅13幅。画像石主要安置于墓门部位，构成两个并列门洞。左门洞门楣上下分别刻画龙虎相戏（寓意吉祥）和二龙交尾穿璧（寓意龙子龙孙的繁昌）。两门扉正面分别刻朱雀、铺首衔环、神豹和朱雀、铺首衔环、虎；右门洞上下分别刻龙、熊、阉牛和力士斗虎图。这些图像起到引魂升天的作用。左边门上的图案粗犷豪放，右边细腻灵活，因此可以判断左边安放的是男主人，右边安放的是女主人。两扇门扉正面分别刻朱雀、铺首衔环、武士和朱雀、铺首衔环、虎，中间门柱上刻有一个双层的汉阙，阙是汉代的典型建筑，一般立于宫廷、墓室、祠堂的前面，象征入口，阙上立一只鸱枭（猫头鹰），古人认为鸱枭骁勇善战，可以抵御一切灾难。

夫妻合葬墓的产生有汉代自身的原因，汉代人追求夫妻合葬，一般在墓室中，有两个主室，两具棺椁，最后却土封在一起，在外面看像是一个墓一样，这体现了汉代人追求活着的时候夫妻和睦，而死后依然要比翼双飞的思想。这种丧葬形式影响了中国两千多年的时间，目前在中国除了部分少数民族以外，大部分采用的还是夫妻合葬的形式①。

---

① 毛公宁. 中国少数民族风俗志［M］. 北京：民族出版社，2006.

二、河南汉画像石的题材与内容

汉画像石的题材内容十分丰富，当时社会的各个领域都有涉及。但是，目前学者对其题材和内容的分类还没有统一结论。

《中国画像石全集》将汉画像石分为异象、鬼神、祥瑞、历史故事、车马出行、农田牧场、作坊、宅院及舞阳戏、装饰纹带等①。

俞伟超、信立祥在《中国大百科全书·考古学》的汉画像石条中将汉代画像石分为八类：生产活动、墓主仕宦经历及身份、墓主生活、历史故事、神话故事、祥瑞、天象、图案花纹②。

日本的土居淑子将汉代画像石内容分为：具有故事情节的画像、关于祭祀礼仪的画像、关于天象及自然现象的画像、关于仙人及神怪的画像、关于日常生活和社会生活的画像、描绘怪兽等空想动物的画像、各种装饰图案等③。

本书将汉画像石题材归为以下七类：

（一）生产活动

内容有农作、牛车、阉牛等。

《后汉书·杜诗传》有杜诗迁南阳太守，"铸为农器"的记载。襄城茨沟画像石墓出土的铁犁、铁铧则以实物证明了这一点。汉代农业生产的特点是牛耕较为普及，南阳英庄汉画像石墓出土的"农夫与牛"画像、"车舆"画像是反映农业生产的杰作。

畜牧业在汉代农业经济中占有重要地位。随着牛耕技术的推广，马、牛等役用牲畜受到重视，时人认为"牛乃耕农之本，百姓所仰"，南阳出土的斗牛图可看出，中原地区畜牧业已有相当规模，特别是方城出土的"阉牛"画像，生动展现了家畜良种培育的情况。

---

①中国画像石全集编辑委员会. 中国画像石全集（卷1）[M]. 济南：山东美术出版社；郑州：河南美术出版社，2000：8 – 15.

②俞伟超，信立祥. 中国大百科全书·考古学 [M]. 北京：中国大百科全书出版社，1986：179.

③土居淑子. 古代中国の画像石 [M]. 同朋舍出版，1986.

两汉时期，河南境内渔业较为发达，尤其是地处汉江流域的南阳地区，鱼类资源较为丰富，史书中有"江汉之鱼，不可胜食"的说法。当时，除了捕捞自然水域中的鱼，人工养鱼也有记载。如刘秀之舅樊重"其营理产业，物无所弃，课役童隶，各得其宜，故能上下戮力，财利岁倍，至乃开广田土三百余顷。其所起庐舍，皆有重堂高阁，陂渠灌注。又池鱼牧畜，有求必给。……赀至巨万"①。河南汉墓中出土的捕鱼图不多，仅见于南阳英庄画像石墓，捕鱼图表现的是"民食鱼稻，以渔猎山伐为业"的生产场面。

（二）社会生活

内容有门吏、奴婢、庖厨宴饮、乐舞百戏、讲经授业、车骑出行等。

西汉后期至东汉时期，豪强地主多利用宗族关系和政治特权，疯狂地兼并土地。他们住着大宅院，占据着大片肥田沃土，控制着上万依附于他们农民，畜养着大量牛、马、羊、猪等牲畜，拥有成百上千的奴婢。南阳汉画中，有不少厅堂、楼阁、宫阙、第宅画像；还有大量的门吏、食客画像，有的佩剑，有的执盾，有的拥彗，有的牵犬，有的执棨戟，有的握钩镶；另外，有大量的奴婢端灯、执炉、捧奁、握镜画像，充分展现了"豪人之室，连栋数百，徒附万计，奴婢千群"。

汉代宴饮成风，婚丧嫁娶或祭祀活动必大摆酒宴。肉食种类有马、牛、羊、鸡等，烹饪方法有羹、炙、炮、蒸、脯等。汉代饮酒成风，宴饮之会必有香醇美酒。为增加兴致，还以投壶、六博为赌具，且有舞乐相伴。汉画中的庖厨图、六博图、宴饮图、投壶图与《艺文类聚》记载的"玉樽延贵宾，入门黄金堂，东厨具肴膳，椎牛烹猪羊。主人前进酒，琴瑟为清商，投壶对弹棋，博弈并复行"相合。

经济的发达，社会生活的进步，贵族地主的好尚，促进了汉代乐舞艺术的发展。汉武帝时期，一度追求享乐，崇尚奢侈富贵。汉武帝"元封三年春，作角抵戏，三百里内皆（来）观"，元封六年"夏，京师民观角抵于上

---

①范晔. 后汉书（卷32）［M］. 北京：中华书局，1965：1119.

林平乐馆"①。汉武帝舅父丞相田蚡亦自称："所好音乐狗马田宅，所爱倡优巧匠之属。"② 上自皇帝贵族，下至门食之吏，庶民百姓，常常即兴歌舞，抒发情感。东汉时期，百戏发达，汉画中的高絙、吞刀、履火、寻橦等，也常常出现在乐舞宴饮画像中。

出行是汉代贵族地主的一项重要活动。出行队伍较为庞大，前有导骑，后有随从，有的还伴有斧车、鼓车。车舆装饰华丽。车骑出行画像主要是通过导从行列的规格，用来表现主人的身份等级。

（三）历史故事

内容有晏子见齐景公、二桃杀三士、樊咬赵盾、荆轲刺秦王等。

在汉代，儒学思想主导着社会思潮，董仲舒根据天人合一思想宣扬"三纲""五常"等道德标准。东汉时，随着谶纬的流行，使得儒学披上神秘的色彩，反映忠孝思想的帝王将相、圣贤人物受到社会的推崇，并在居室和享堂刻画。

（四）远古神话

内容有伏羲女娲类、西王母东王公、羲和常羲、羿射十日、嫦娥奔月、牛郎织女。

神话是人类社会幼年时期的产物，是祖先崇拜和神明崇拜的反映，是无数复杂现实矛盾的互相变化对于人们所引起的一种主观的、幼稚的，经过折射改造的现实。因此，神话具有浓郁的现实主义和浪漫主义的色彩。南阳汉画中的远古神话，很多是传统神话形象。

（五）辟邪祥瑞

内容有神荼、方相氏、蹶张、铺首衔环、黄龙、瑞祥、麒麟、神雀、凤凰、四灵等。

四灵即"青龙、白虎、朱雀、玄武，天之四灵，以正四方"。汉代四灵，

---

①班固. 汉书（卷6）[M]. 北京：中华书局，1962：198，31.
②司马迁. 史记（卷107）[M]. 北京：中华书局，1959：2851.

又称为"四象"或"四神"①。四灵一般组合在一起出现,通常是东(青龙)、南(朱雀)、西(白虎)、北(玄武),亦即左青龙、右白虎、前朱雀、后玄武等四方位排列。两汉时期在人们的信仰中,阴阳五行和谶纬迷信是基础,两汉社会思想政治、宗教学术,大都以此为理论基础。方士编造了各种驱鬼的仪式在墓室雕刻了一幅幅驱鬼辟邪的画像。

(六)天文星象

内容有三足乌、日月同辉、日月合璧、北斗七星等。

我国是历史上天文学最发达的国家之一。早在西汉的《淮南子》中就有太阳黑子的记载。《后汉书·五行志》关于日蚀的记载更加明确:"凡汉中兴十二世,百九十六年,日蚀七十二,朔三十二,晦三十七,月二日三。"② 另外,还有彗星、月蚀、北斗七星、二十八星宿的记事。

(七)装饰图案

内容有菱形纹、菱形穿环纹等。

"环"是璧或钱币的形象、意象、变形图案,"菱形"当是穿璧或穿绶带、线绳的变形图案。

三、河南汉画像石的艺术风格

河南汉画像石所反映的内容大多是神话与历史、幻想与现实、神界与人间、人群与兽类等十分庞杂的内容,作者必须具有丰富的想象力,否则不可能将各种图像创造出来,而基于这样的创造力,也就决定了汉画像石必然带有浪漫主义的夸张艺术手法。

全国各地汉画像石的题材各有特色,和地域有着千丝万缕的联系。如果说山东的汉画像石是以历史故事为主反映了儒家的忠臣义士思想,那么河南南阳的汉画像石就是以宴乐、出行、羽化升仙为主题,反映汉朝上层阶级的

---

①何清谷. 三辅黄图校注 [M]. 西安:三秦出版社,1998:150–151.
②范晔. 后汉书(志13)[M]. 北京:中华书局,1965:3372.

生死观念为主，商丘画像石以远古神话、祥禽瑞兽为主，反映了受楚文化思想的深刻影响①。河南汉画像石不同于山东汉画像石，更多的用线，也有别于山西汉画像石不多用线的剪影；还不像以上两地铺天盖地填满画面的构图，而是独具特点，浮雕加线刻，这种风格是汉代石刻艺术的基本风貌，浮雕的起伏，线条的飞动，是艺术家抑扬跳动的心灵抒情节奏，气势和古拙是来自艺术家们内心审美情趣的抒发。这种审美情趣代表着一个时代的心理，反映了一个民族的气质②。

河南汉画像石的艺术风格如下：

（一）长于构图

构图，一般指在平面的空间上，安排和处理审美客体的位置和关系，把个别或局部形象组成整体的画像，以表现构图中的主体思想和审美效果。南阳汉画像石，在落笔之前，雕工大抵对素面石材经过深思，从而创作出一幅幅佳图。其早期作品，布局疏朗，内容单调，主要以装饰图案及门阙楼阁为主。中期作品内容丰富，题材多样，上至天文下至地理。晚期作品内容题材缺少变化，构图趋于图案化。

（二）注重写实

由于画像是为人服务的，画面雕工必须反映他们的要求和思想。在河南画像石中，写实内容占相当大的比例，有耕牛、渔猎、乐舞百戏、宴饮、日月星辰等。耕牛是表示生前占有的产业；乐舞百戏是为了表示生前的生活；日月星辰是为了表示上具天文，下具地理。汉代画师从丰富的生活现实出发，把生者的要求和死者的愿望用艺术手法表现出来，创作了一幅幅真实可信的生活场景。

（三）富于想象

以写实为特征的画像石并没有拘泥于现实生活的单纯照搬，而是发挥了

---

① 周到. 试论河南永城汉画像石 [J]. 中原文物，1987（2）：141.
② 周到. 试论河南汉画像石刻的美学风貌 [J]. 中原文物，1987（1）：85.

大胆的想象，创作出驱鬼辟邪、祥瑞、升天等富有浪漫主义色彩的物象。

（四）善于线刻

河南汉画像石主要是单线刻勒，这种线刻手法，是在汉初帛画基础上发展而来的，不同的是画像石是以石为地，以刀代笔的艺术品。河南汉画的构图，表现为经过概括提炼，具有节奏和韵律感的或粗，或带状，或细，或线状，或交错运用，千变万化，内含着生命、运动、力量、均衡的线条，形成创作的特点。南阳汉画虽"稍粗"，但粗犷而不鄙野，深厚而不凝滞，朴素而不单调，豪放而不疏散。如南阳赵寨出土的"升仙图"即"方相氏逐疫图"，采用阴线刻法勾勒出方相氏逐鬼的宏大场面，线条流畅，造型生动，是阴线刻的巨制。再如"虎车升仙"，又称"雷公图"，画面上三只老虎的肢、驱、尾在飞腾中拉成一条线，线条有曲有直，有粗有细。翼虎拉着翻卷的羽葆、飘逸的云车前进，有风驰电掣之感。这就更加突出了以线为主，寓示着善于表现力的画像臻于成熟。

（五）形神兼备

中国传统绘画强调"以形写神，形神兼备"，不拘泥于形似的刻画，而是注重神韵的传达。河南汉画在追求形似的同时，十分着力于神韵的刻画。画师、工匠刻画人物，有一定规制，不同的身份有不同的特征。唐河石灰窑汉墓出土的人物、厅堂、铺首画像，面孔威严的人物，大抵是墓主人或是被其推崇的人物形象，他们占据画面的主要位置。而门吏、奴婢则穿着朴素、表情谦卑、动作娴熟，处于画面的次要位置上。汉代民间艺人对人物形象的比例、动态、表情的刻画，已具备"形神兼备"的特点。为了弥补造型能力的不足，他们把人物形象的刻画与情节的渲染相结合，加强了表现力。

正如常任侠先生所说："从中国雕刻艺术的发展历史来看，汉代石刻画像艺术是古拙的。它还不能像唐代雕塑那样，善于捕捉戏剧性的情节，刻画出典型的性格。可是，正像汉代的劳动人民创造了整个汉代的历史一样，它反映出汉代人民伟大气魄，显示出了汉代石刻画像的无限生命力。"

四、河南画像石的雕刻技法

汉代画像石雕刻技法可笼统地分为两大类，即线刻类和浮雕类。其中线刻类中又包含了阴线刻和凹面、凸面线刻等；浮雕类的雕刻技法中又包含了浅浮雕、高浮雕和透雕等。但是根据掌握的资料分析，河南汉画像石的雕刻技法远远不止这些，而是更加丰富，据此也可以把河南汉画像石的雕刻技法分为以下三种：

（一）线刻类

图像部分都用阴线条来表现，由于对石面处理方法的不同，所以在这一类刻法中，又分为以下两种：

（1）平面阴线刻：把全部的图像直接用阴线刻画在已经打磨光滑的石面上。首先将石材磨成光滑的平面或粗糙的平面，而后在平面上勾画出物象的轮廓，最后将轮廓线用阴线的刻法剔去[①]。以密县（新密市）打虎亭汉墓为代表，线条均匀，雕刻精细，技术熟练，形象逼真。

（2）凹面阴线刻：先将石料刻出横竖纹平面，在平面上勾画出物象的轮廓，将轮廓以内的部分刻成凹面，在凹面上用阴刻法雕出物象的细部。主要见于南阳杨官寺画像石墓。

（二）浅浮雕类

这类雕刻技法是把物象轮廓外减地，使物象呈弧状、凸起的状态，物象里面的不同部位也刻画出起伏状，细节部分采用阴线刻画。根据减地方法和对物象细节处理的不同方式，又分为以下两种：

（1）凿纹地浅浮雕类：物象轮廓外为减地，留下纵向或横向平行的凿纹；

（2）剔地浅浮雕类：将物象轮廓外剔成比较大的面积。浅浮雕是河南汉

[①]《中国画像石全集》编辑委员会. 中国画像石全集·河南汉画像石 [M]. 郑州：河南美术出版社，2000：18－24.

画像石的主要技法，绝大多数河南汉画像石都是采用这种雕刻技法。这种浅浮雕与阴线相结合的雕刻技法，可谓是汉画像石石刻艺术的传统技法。浅浮雕这种石刻技法最早出现在南阳。

（3）剔地浅浮雕施阴线刻：将石材凿成粗糙的平面，在平面上勾画出画像的轮廓和细部，轮廓以外的空间用阳刻技法剔成平地或横竖纹地，使平面具有浮雕效果，用阴线刻出物象的画像细部。这种技法在南阳汉画像石中占主要成分。代表画像可见于唐河郁平大尹冯君孺人画像石墓，商丘永城汉墓出土的朱雀铺首衔环，登封汉三阙画像。

（4）剔地浅浮雕施阴线刻兼凹面雕：雕刻技法同剔地浅浮雕，将部分画像造成凹面，或用阴线刻出物象的细部。

剔地浅浮雕施阴线刻兼透雕：多见于南阳汉画像石墓石梁之龙头。

（三）高浮雕类

刻法和浅浮雕几乎是一样的，不同的是物象外剔地比较深，物象浮起的程度特别高，细部层次起伏明显，有较强的立体感，此类刻法多用于墓室门扉或石柱上[①]。

剔地高浮雕雕刻技法同上，物象轮廓以外的空间部分较深于浅浮雕，使物象凸起。此法多见于河南的门扉、门楣画像石。

五、河南汉画像石的构图方式及表现手法

汉画像石的构图形式千变万化，这也成为人们欣赏汉画像的特点之一。构图方式上没有中规中矩的限制，而是充分给予自由，画面带有强烈装饰感的同时也能传达出一些思想内容。

从美术的构图和透视方法来看，河南汉画像石的构图方式可以归纳为两种：等距离散点透视构图法和焦点透视构图法。

---

①渠超. 许昌汉画像石及相关问题研究［D］. 郑州：郑州大学，2009：40.

（一）构图方式

从现代艺术的角度来看，可以简要归纳汉画像石的构图规律。

（1）均衡对称式：对称式构图受到了佛教影响，据文献记载，佛教在公元 75 年传入，画像石也因此受到影响，对称式出现的年代久远，先人们也发现了对称之美。不过汉画像石中的对称不是镜像式对称，而是一种相对的对称。早期汉画像石，受到多方面影响，画面较简单，门楣石的刻画中经常采用这种形式。

（2）填充式：分为主体填充式和背景填充式两种形式，主体填充式不顾物象比例，做罗列状，一般在墓门上可以看到这种构图方法。

（3）组合式：汉画像石不是独立存在的，而是依附于建筑，所以它的设计还要适应于建筑结构。在一整块石头上分栏并刻画内容，这样可以让每栏的图像各成为独立单元，看起来每个都不一样，可从整体看它们却是紧密联系在一起。无论是横竖分栏都可以灵活运用，在河南发掘的汉画像石中，门柱上可以看见这种构图方式，这也堪称河南汉画像石中运用最多的一种构图形式。

（4）满幅式：顾名思义就是用图形将整幅画面充满，不留多余的空白，以此寓意吉祥圆满。

（二）表现手法

汉画像石的一大特色就是独特的想象力，画面自由奔放，人物造型夸张，汉画像石的题材从生活中来，用客观存在的事实作为创作依据和灵感来源，并在这样的基础之上抽丝剥茧，进行概括、总结、分类、归纳等，有着一定的写实主义色彩。

汉画像石相对于其他的艺术形式，不仅有着其时代所固有的限制，同时也被地域所限制，每个地区都有其不同的特点。即便是同时期的汉画像石，也和区域的经济条件、文化、民族风情和审美所产生的心理差异有关，这些都会让它们呈现出不同的特点。

河南地区汉画像石分布广泛，表现手法自然也是大不相同。南阳地区画像石以剔地（留平行线）平面浅浮雕为主，素地凸面浮雕次之，施线较粗而简洁，以横、竖条状为主，方形次之；郑州地区除铺首为高浮雕之外，多为减地阴刻，线条纤细如发丝，横、竖条状和大幅方形均为不少①。

商丘地区汉画像石均为剔地（留有平行线）浅浮雕，未见凸面浮雕，施线稍细而较多，多见横、竖条状，不见方形，多数采用了隐起浮雕，使得画面效果潇洒生动，珍禽异兽等祥瑞辟邪类的内容占据了绝大多数；而新密、登封汉画像石，表现手法为平凸刻制，画面效果较为紧密，生活场景在这里大放异彩，礼乐教化成为该地区的风格特征②。

---

①周到. 河南汉画像石考古四十年概论［J］. 中原文物，1989（3）：49.

②黄雅峰. 河南汉画像石艺术［J］. 南都学坛（哲学社会科学版），1999（5）：3.

第二章

河南地区汉画像石的特点及内容

第一节　豫南地区汉画像石

一、豫南地区汉画像石的特点

豫南地区主要以南阳为主。南阳地区汉画像石墓中的墓门上，出现了许多铺首形象，这和楚远古图形接近；南阳汉画像中人首蛇身的伏羲女娲、神荼郁垒，都带有楚族原始部落特征。战国时期，南阳属于楚国，南阳汉画像石在题材内容和线条技巧上借鉴了楚画，但又从自身特点出发将其发扬光大。

雕刻技法上，南阳地区汉画像石几乎都是浮雕类，主要有以下几种雕刻方法。第一，石料正面凿平，留有剁纹，用阴线勾画出细部；第二，石料正面凿平，石面用阴线刻出画像轮廓，画像部分凿成凹面，以阴线刻画图像细部，画像外剔出横竖纹底子；第三，石料正面凿平，用阴线先刻出画像轮廓，对轮廓内的形象认真进行艺术加工，并剔掉一层轮廓外的石面，使形象浮于底上；第四，石料正面凿平，用阴线先刻出形象轮廓，使用表现性的阴线刻画形象的细部[1]。同时，南阳地区汉画像石巧妙地利用了石头本身天然的纹理，运用多种雕刻技法对其进行艺术创作，使得画面中出现了完美无缺的肌理变化。

---

①黄雅峰. 河南汉画像石艺术［J］. 南都学坛（哲学社会科学版），1999（5）：1.

南阳地区的汉画像石，从西汉到东汉皆有发现。南阳早在秦昭王时期就已经设立了南阳郡，到了西汉时期，南阳已经是全国的五大商业重镇之一，经济发达，文化繁荣，冶铁技术发达，从而使得汉画像石得到了充分的发展。画像石的内容在一定程度上受到楚文化影响，楚国第一个国都在南阳的淅川，所以楚文化在这里绵延的时间比较长。南阳的地理位置比较特殊，是一个南北交界的地方，南方文化和北方文化在这里交流，各种文化在这里融合后重新发展。楚文化的核心是大气、浪漫、神秘，这些在南阳汉画像石中也有所体现。

南阳在两汉时期是重要的都市之一，在西汉时期就有了"商遍天下富贯海内"的称号，是当时大地主、大富豪聚集之地，东汉时又是开国皇帝刘秀的发起之地，他手下的将领多是南阳人。汉代人追求的是厚葬，对现实生活的留恋和不朽精神的追求，使汉代人竞相建造了很多豪华大墓。

南阳汉画像石墓起源于西汉的昭宣时期，鼎盛于东汉的早期、中期，在东汉末年就逐渐衰败了。

南阳汉画像石一般是就地取材，大多数都是取自于南阳蒲山的大青石。大青石作为石材的比较多，不过砂岩也有，石英含量较多，也有纯度不太高的花岗岩。石灰石质地坚硬而脆，所以并不适合精雕细琢。

两汉时期的画像石作为建筑构件，既使用于地下墓葬，又见于地上石阙、石祠和石碑。南阳汉画像石，在雕刻技法上有"稍粗"的特点，但这并不是意味着"拙劣"，而是一种"拟浮雕"的表现。在未施彩的画像中，由于石料仅略雕琢平整，表面比较粗糙，加上物象细部又未做具体细致的刻画，画面质感很强，造型显得随意生动。造型与雕刻风格的统一，构成了南阳汉画像石寓巧于拙，寓美于朴，"深沉宏大"的气势。鲁迅先生在谈到南阳汉画像石的雕刻技法和艺术风格时，概括为此比别的汉画"稍粗"。"稍粗"正是南阳汉画的一大特点。（见附录表2）

二、豫南地区汉画像石的内容

（一）生产劳动

南阳市北郊邢营画像石墓出土的耕耘画像石，现藏于南阳汉画馆。内容分为上中下三层①。上层为舞乐百戏，中层为驱魔逐疫，下层为虎食女及耕耘图，耕耘图位于此石下层右部，中刻一农夫，头戴冠，上身赤裸，弓步弯腰，手持铁锄在没膝的田间除草耕地。农夫身后有一女子，高挽发髻，长裙曳地，肩扛一锄头，锄前挂一罐状物，后挂一竹篮，为农夫担浆送食。在农夫右上方，有一鹿做飞奔状。画面反映的是汉代农民日出而作，日落而息，辛勤劳动的生活场景。（图 2－1、图 2－2）

图 2－1　耕耘画像石　　　　图 2－2 耕耘画像石局部

南阳英庄汉墓出土的耕车画像石，现藏于南阳汉画馆，长 175 厘米，宽 42 厘米。车为双辕，两轮，应是运送生产工具之车。（图 2－3）

图 2－3　耕车画像石

①南阳市文物工作队. 南阳市邢营画像石墓发掘报告［J］. 中原文物，1996（1）：108－117.

生产工具性能的提高促进了南阳郡农业的快速发展，土地开发的速度越来越快。先进的农业生产工具和完备的水利设施，使得南阳农业结构不断丰富和优化，鸡、鸭、鱼、马、猪、狗为汉代南阳民众饲养，汉画像石上亦有反映。

南阳县英庄汉墓出土的捕鱼图画像石[①]，长181厘米，宽43厘米，现藏于南阳汉画馆。图中有双拱桥，桥下有一舟，上有一渔夫在奋力划桨，另有捕者双手，做捞鱼状。桥上二人，各执一杆通力向下放渔网，旁有人观看。画面左侧刻山峰，层峦叠嶂。（图2-4、图2-5）

图2-4　捕鱼画像石

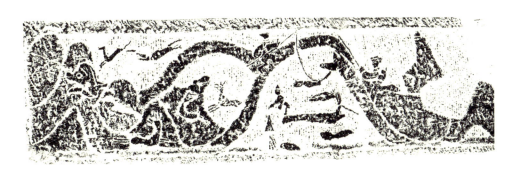

图2-5　捕鱼画像石拓片

方城县东关汉画像石墓出土一幅应龙、熊，阉牛图画像石[②]，长233厘米，宽37厘米，现藏于南阳汉画馆。图左刻一应龙，中间为一熊，图右为一牛，一人手持环首小刀正在阉牛。此幅画像反映汉代畜种技术的改良，为研究汉代南阳地区畜牧业发展提供了珍贵资料。（图2-6、图2-7）

---

①赵成甫. 河南南阳县英庄汉画像石墓［J］. 文物，1984（3）：25-37.
②魏仁华，刘玉生. 河南方城东关汉画像石墓［J］. 文物，1980（3）：69-72.

图2-6　应龙、熊，阉牛画像石（南阳汉画馆提供图片）

图2-7　应龙、熊，阉牛画像石拓片

　　"牛"在汉画像中并不少见，我们所熟知的"斗牛""骑射奔牛"等都经常出现，不过这些"牛"的形象都只出现在娱乐活动当中，反映劳动人民生活的"耕牛"不是太常见，所以这幅现藏于南阳汉画馆的以交通工具"牛车"出现的牛就更加引起人们的兴趣。

　　在牛车画像石中，共有两辆牛车，车的箱体较小，可车轮却采用夸张手法雕刻显得十分巨大，画面的内容反映的是，主人到家门前迎接宾客的情景，体现了汉代人民的日常生活习俗。（图2-8、图2-9）

图2-8　牛车画像石（南阳汉画馆提供图片）

图 2-9　牛车画像石拓片

（二）社会生活

1. 建筑

汉代厅堂是第宅中会客的地方。南阳画像中也常见厅堂建筑。唐河县汉郁平大尹墓出土的一块画像石[①]，现藏于南阳汉画馆。画面中部为一单檐四阿式厅堂，下有双柱立于石柱础之上，柱身上下粗细相同，柱头承托栌斗，屋顶两侧坡度稍缓，脊身为三层筒瓦叠砌而成。厅堂内主人端坐，旁边立有侍者。厅堂两侧的前方各立一阙，阙为双层。（图 2-10）

图 2-10　厅堂画像石拓片（南阳汉画馆提供图片）

南阳汉画像石中也有一部分反映了当时的建筑艺术，如现藏于南阳汉画馆的一副高大的门楼图画像石，上层叫作望楼，登而观之，四处眺望；下层是一个大门，中间大门微开，守门人从里面走出。外面有一个人手持赐片，正要跪地求拜房子的主人，跪拜说明他身份比较低微，所以守门人不屑与他

---

①黄运甫，闪修山. 唐河汉郁平大尹冯君孺人画象（像）石墓［J］. 考古学报，1980（2）：239-262.

交谈，而是侧身倚立门户，门虚掩着，这个时候"从门缝里看人"似乎流传开来，也揭示了汉代严格的等级。（图2-11）

南阳唐河针织厂汉画像石墓出土的楼阁画像石①，现藏于南阳汉画馆。下层为厅堂，两立柱上面有一斗三升的斗拱支持屋檐，柱外两侧各种柏树一棵。屋檐上两侧各有一鸟伸颈向上攀援。门内二人，席地而坐，凭几者为主人，左一人向主人跪拜。上层有两个对称的望亭，两亭之间有一人正面端坐。望亭屋檐左侧有二猴子攀援嬉戏，右侧一猴子与一蛇嬉戏。（图2-12、图2-13）

图2-11　门楼画像石

图2-12　楼阁画像石（南阳汉画馆提供图片）

图2-13　楼阁画像石拓片

在汉代建筑形式中，阙是较为独特的，一般用石、砖、木构成，通常建筑在祠庙及陵墓前后左右两侧。阙有单阙和双阙之分。阙的功能主要有二：一是表示官爵地位的象征式建筑。《白虎通义》曰："门必有阙者，阙者所以

---

①周到，李京华. 唐河针织厂汉画像石墓的发掘［J］. 文物，1973（6）：29；凌皆兵，王清建，牛天伟. 中国南阳汉画像石大全（第三卷）［M］. 郑州：大象出版社，2015：75.

饰门，别尊卑也。"① 二是可以登高远望，因此又可以称为观。徐锴《说文解字系传》卷三十六云："观，盖为二台于门外，人君作楼观于上，上圆下方，以其阙然为道，谓之阙，以其上可以远观，谓之观。"南阳汉画像石中阙的图案较多，既有单门阙，又有双阙。唐河县汉郁平大尹墓出土的画像石②，厅堂前左右两侧有高大的阙，阙身为柱形，阙为二层，阙顶为重檐庑殿顶。此阙的上层还装饰有菱形窗格，而且是双层楼阁建筑，在上面一层可以向远处眺望。方城县东关汉墓大门中柱上刻有一阙③，共二层，下层为台，上层为楼观。南阳县赵寨砖厂汉墓出土的画像石④上的阙分为两层，上层为阙，下层为菱形装饰图案，阙顶矗立楼观三重。

南阳汉画像石中的桥梁建筑仅见于南阳县英庄汉墓出土的捕鱼图。画面刻有一双孔拱桥，桥下有乘舟捕鱼者。虽然看不出此桥的构件，却可以看出当年桥梁建筑的宏伟姿态。

2. 车骑田猎

车马在汉代是重要的交通工具，更是身份地位和等级的象征。《后汉书·舆服志》记载："大使车，立乘，驾驷，赤帷。持节者，重导从；贼曹车、斧车、督车、功曹车皆两；大车；伍佰璪弩十二人，辟车四人；从车四乘，无节，单导从，减半。"⑤

南阳出土的车骑出行画像较多，生动反映了当时的车马交通状况，特别是形象生动地描绘当时的贵族和富豪阶层生活情形。征集于南阳市唐河县的车骑出行图，现藏于南阳汉画馆⑥，右刻3骑，皆肩扛旗飞驰于道路上，其后刻3辆轺车，车上均装饰有华盖，每一车各有一人驾驭，1尊者，其后刻1侍从，随车疾驰。（图2-14）

①陈立. 白虎通疏证［M］. 北京：中华书局，1994：596.

②黄运甫，闪修山. 唐河汉郁平大尹冯君孺人画象（像）石墓［J］. 考古学报，1980（2）：239-262.

③魏仁华，刘玉生. 河南方城东关汉画像石墓［J］. 文物，1980（3）：69-72.

④闪修山，刘玉生. 南阳县赵寨砖瓦厂汉画像石墓［J］. 中原文物，1982（1）：5-8.

⑤范晔. 后汉书（志29）［M］. 北京：中华书局，1965：3650.

⑥凌皆兵，王清建，牛天伟. 中国南阳汉画像石大全（第五卷）［M］. 郑州：大象出版社，2015：170.

图2－14　车骑出行画像石（南阳汉画馆提供图片）

南阳王寨汉墓出土的车骑出行画像石，长167厘米，宽36厘米，画面左为八导骑，分为前后两排，八骑吏均拥盾、持刀。画右为三马驾一车，车上有华盖，车中乘坐一驾驭者、一尊者①。（图2－15）

图2－15　车骑出行画像石拓片

汉代人"入则鼓乐宴飨，出则骑马打猎"，南阳出土的车骑出行画像石，现藏于南阳汉画馆。刻画了19匹马和19个人物，姿态各异，栩栩如生，画中二尊者各乘一辆马车，车前有七骑先导，车后有八骑随行，队伍后面窜出一只猛虎，最后二骑者转身射虎护卫。画像再现了汉代贵族出则连车骑的气派场景。（图2－16）

图2－16　车骑出行画像石

狩猎活动又称田猎（田通畋）、畋猎、羽猎、校猎等。《左传·隐公五年》："故春蒐、夏苗、秋狝、冬狩，皆于农隙以讲事也。"蒐、苗、狝、狩

①凌皆兵，王清建，牛天伟. 中国南阳汉画像石大全（第二卷）［M］. 郑州：大象出版社，2015：205.

四季田猎的名称是由于田猎方式不同而得来。据《周礼·大司马》的叙述，仲春"蒐田"用火，仲夏"苗田"用车，仲秋"弥田"用网，仲冬"狩田"用车徒列阵围猎①。田猎还是一种礼制，《礼记·仲尼燕居》曰："以之田猎有礼，故戎事闲也。"② 每逢秋天，天子亲自参加田猎，教人以战法，《礼记·月令》云"天子乃教于田猎，以习五戎，班马政。……司徒搢扑，北面誓之。天子乃厉饰，执弓挟矢以猎"③。两汉时，出行田猎是贵族富室日常生活的重要内容。桓宽《盐铁论·刺权篇》中记载当时的贵族"子孙连车列骑，田猎出入，毕弋捷健"④。仲长统指责他们是"入则耽于妇人，出则驰于田猎"⑤。在南阳汉画像石中刻画最为丰富的是社会生活，政治的稳定和经济的繁荣使汉代社会生活日益丰富多彩起来，夸张的雕刻手法，写实的生活场景都让后人为之震撼。南阳汉画像石出现较多的内容是当时社会上层人物的巡行游猎、胡汉战争、婚丧嫁娶、鼓吹以及其他活动。

狗是很早与人类关系密切而且很早被驯化的动物之一。考古人员在距今1万多年前的磁山遗址中发现被驯化的家狗的骨头⑥。驯化后的狗与人类关系紧密相连，在人类的祭祀、狩猎和饮食中占有重要地位。狗又名犬，是我国古代重要的家禽之一。《故训汇纂》解释说："狗犬同实，异名。"《尔雅·释畜》曰："大者名犬，小者名狗。"根据考古发现，家狗最早见于新石器时代中期，至夏商周时期，狗在人类社会生活中发挥着相当重要的作用，主要用于食用和祭祀等。

汉代喜狗之风盛行，喜狗的社会阶层广泛，狗对当时的社会产生了一定的影响。汉朝建立后，中央朝廷设有专门为皇帝官吏"狗事"的机构——"狗监"，一些历史人物曾在此任职，如李延年就曾"给事狗中"，《集解》引徐广曰："主猎犬也。"索隐则称是"犬监"。汉武帝时，甚至建有"犬台宫"，《三辅黄图》载"犬台宫，在上林苑中，去长安西二十八里"，足见武帝喜狗。皇帝喜狗成风，统治阶级的其他阶层纷纷效仿，所谓"上有所好，

①杨宽. 古史新探·论西周时代的农业生产 [M]. 北京：中华书局，1965：261.
②杨天宇. 礼记译注 [M]. 上海：上海古籍出版社，1997：261.
③杨天宇. 礼记译注 [M]. 上海：上海古籍出版社，1997：866.
④王利器校注. 盐铁论校注 [M]. 北京：中华书局，2015：133.
⑤范晔. 后汉书（卷49）[M]. 北京：中华书局，1965：1647.
⑥李友谋. 裴李岗文化 [M]. 北京：文物出版社，2003：101.

下必甚焉"。淮南王刘安家中养有狗，列仙传中称刘安练得仙药后，一家人服用后皆成仙，"临去时，余药置在中庭，鸡犬舔啄之，尽得升天，故鸡鸣天上，犬吠云中"。

皇帝和王侯等地主阶级喜欢狗，一般的农户也养狗。汉代有关史籍常以"鸡鸣狗吠"来描述一地的社会稳定。在汉墓的考古发现中，陶狗的出土是较为普遍的，如河南偃师县东汉墓（M1：36）中出土的陶狗①，可视为汉时民间养狗成风的实证。

狗的嗅觉较为灵敏，《说文解字》曰："禽走臭（嗅）而知其迹者犬也。"从商代至秦汉时期，狩猎场面宏大，犬逐是汉代狩猎的一种重要方法。《吕氏春秋·贵当篇》载："齐有好猎者，终日不得兽，入则愧其友。推其所以不得兽，狗恶故也。欲得良狗则家贫。家富则得良狗，得狗则数得兽矣。非独猎者，百事皆然。"汉代流行田猎之风，贾谊疏陈政治云："今不猎猛敌而猎田彘，不搏反寇而搏蓄菟，玩细娱而不图大患，非所以为安也。"皇帝和贵族阶层都将铗弓牵犬视为一种生活享受。据《汉书》载，文帝宁可"不猎猛敌""不搏反寇"，也要"选其贤者使为常侍诸吏，与之驰驱射猎一日再三出"。据东汉王粲《羽猎赋》文，"鹰犬竞逐，奕奕霏霏。下韝穷蹀，搏肉噬肌。坠者若雨，僵者若坻。清野涤原，莫不歼夷"。赋文奇美，形象生动地描绘了当时用狗狩猎的场景。

汉代的南阳地区，出行田猎较为流行，《汉书·食货志》记载："世家子弟富人或斗鸡走狗马，弋猎博戏，乱其民。"葛洪的《西京杂记》记载："茂陵少年李亨，好驰骏狗，逐狡兽，或以鹰鹞逐雉兔，皆为之嘉名。狗则有修毫、厘睫、白望、青曹之名，鹰则有青翅、黄眸、青冥、金距之属，鹞则有从风鹞、孤飞鹞。"②

南阳东汉英庄墓出土的田猎画像石③，现藏于南阳汉画馆。这幅画像左侧刻有崇山叠嶂，山中站立一人，画面右侧有三只鹿奋力逃脱，四肢张开，头部上仰。两只猎犬在其后狂吠紧追，眼见将要扑上，尾巴在紧张中向上斜上僵直。后有一人骑马捽鞭疾驰追赶。图中两只猎犬造型简朴，特别是尾巴

---

①王竹林. 河南偃师东汉姚孝经墓［J］. 考古，1992（3）：230.

②葛洪. 西京杂记［M］. 西安：三秦出版社，2006：202.

③陈长山，魏仁华. 河南南阳英庄汉画像石墓［J］. 中原文物，1983（3）：103－107，123－124；凌皆兵，王清建，牛天伟. 中国南阳汉画像石大全（第二卷）［M］. 郑州：大象出版社，2015：237.

被塑成直线型，突出紧张气氛，增添了画面的生动感，不禁让人凝神屏息。（图2-17、图2-18）

图2-17　田猎画像石

图2-18　田猎画像石拓片

南阳王庄汉墓出土的田猎画像石，长167厘米，宽42厘米，厚28厘米，现藏于河南博物院。此画像石呈长条形，画像右部刻猎人驱逐猎犬围捕一鹿，其中两犬腾空追击其后，另一犬堵截其前，形成前后夹击之势，空白处山峦起伏。（图2-19）这幅画像石构图简洁生动，通过夸张变形的艺术处理，使猎犬如飞的形象跃然石上，充分显示了田猎场上围追堵截的紧张激烈气氛。

图2-19　田猎画像石

汉代的狩猎是一种带有体育性质的娱乐运动，它不仅可以满足汉代人祭祀天地神与祖先，丰富庖厨生活，招待宾客的需要，还可以锻炼身体等。上至封建帝王，下至一般官吏甚至平民百姓都可以参与。

弋射是一种专门捕猎飞鸟的射法，在箭的箭柄上系上一根钢丝绳，鸟儿被射中以后可以迅速拉回，只要被射中就没有机会逃脱，提高了捕猎效率，不过这种射法也有弊端，即射程非常短，三国以后弋射就比较少见了。现藏于南阳汉画馆的弋射画像石生动表现了这一场景。（图 2 - 20）

图 2 - 20　弋射画像石

汉代人除了利用弓箭打猎，还善于用猎犬打猎，汉代的猎犬和现在的猎犬有一定区别，从周代开始到汉代，人们把跑得快的犬取名为"走狗"，它头尖身细腿长，奔跑起来身体腾空跃起，几乎成为一条直线，和豹子的奔跑方式有些许相像的地方，所以这种奔跑方法使它的速度像闪电一样迅捷。利用这样的方法，可以达到提高捕猎效率的目的，这一方法也逐渐成为汉代人日常的一种打猎方式。狩猎画像石中可以看到这种体型的走狗，和走狗形成鲜明对比的是后面的两个主人的形象，他们手中虽然有捕猎工具，但是并没有加入捕猎活动，而是完全交给三只忠实的猎犬。（图 2 - 21）

图 2 - 21　狩猎画像石

狗作为人类狩猎的帮手，人们在日常生活中注重对其驯养。1987年12月出土于南阳北关工农路画像石墓的驯狗画像石，现藏于河南博物院。长135厘米，纵37厘米，厚21厘米。画中有一猛犬，瞪目，张口，竖耳，翘尾。画面右侧有一人手持绳索牵狗，图左一人挥拳与狗搏斗。（图2-22）

图2-22 驯狗画像石

和"走狗"相提并论的还有汉代普遍流行的"斗鸡"。斗鸡早在春秋战国时已流行，汉代斗鸡之风更盛。西汉时还有以"斗鸡翁"相称的。《汉书·张汤传》载："上自处置其里，居冢西斗鸡翁舍南，上少时所尝游处也。"①"斗鸡"和"走狗"也是两汉时期纨绔子弟的一个代名词。汉代人不仅爱好斗鸡，也爱好斗鹅、斗鸭、斗雁，这些成了当时人们一种重要的消闲解闷方式和夸好斗胜的手段。民间的斗鸡常常具有赌博的性质，斗鸡在比赛之前都要经过严格的训练，上场前主人要给它们加上一些装备，头上抹上芥末，身上抹上狐狸油，或者在脚上加上金钩。当两只鸡斗得非常疲惫的时候，主人还要往它们身上泼冷水，使它们精神振奋，重新加入战斗。正所谓"一喷一醒然，再接再厉难"。南阳市英庄汉墓出土的斗鸡画像石，长187厘米，宽44厘米，现藏于南阳汉画馆。画中刻一伞，伞下有实物和酒，左右各有一人伸臂指挥二鸡相斗，当为鸡的主人，其后各站一人，应为随从②。（图2-23、图2-24）

---

①班固. 汉书（卷59）[M]. 北京：中华书局，1962：2651.
②凌皆兵，王清建，牛天伟. 中国南阳汉画像石大全（第二卷）[M]. 郑州：大象出版社，2015：235.

图 2 - 23　斗鸡画像石

图 2 - 24　斗鸡画像石拓片

南阳唐河汉"郁平大尹冯君孺人"墓出土的骑象画像石，图中有一大象，长鼻卷曲，象背有二人，一人踞坐，一人仰卧，以手臂托头①。（图 2 - 25）

图 2 - 25　骑象画像石拓片（南阳汉画馆提供图片）

---

①凌皆兵，王清建，牛天伟. 中国南阳汉画像石大全（第三卷）［M］. 郑州：大象出版社，2015：33.

3. 角抵

角抵是古代杂技艺术当中一个非常重要的项目，从目前已知的文献记录来看，角抵戏大约在东周时期产生，在秦代才被更名为"角抵"，据《史记·李斯传》记载，"秦名此乐为《角抵》，两两相当，角力、角伎艺射御，故曰《角抵》"①。应劭曰："战国之时，稍增讲武之礼，以为戏乐，用相夸示，而秦更名曰角抵。角者，角材也。抵者，相抵触也。"汉代十分流行角抵，并且将角抵发扬光大，无论是内容、含义和参与方式等都有了较大的改变。

汉代的"角抵戏"，主要分为：人与兽斗，兽与兽斗和人与人相搏三个方面，主要是为了反映汉代社会中"人定胜天"的思想。看似惊险的斗兽场景都是在特定的场合中进行的，具有很强的表演性。汉武帝元封三年时进行过大型的角抵活动，方圆三百里之内的人都来观看，还有少数民族和外国团体，以此来显示汉朝的国力强盛。角抵戏后来加上了故事内容变成了现在的戏曲表演，另外一方面也在往体育方面发展，比如传统的体育项目，马术、摔跤、击剑，及日本的相扑，都是源自于我国早期的角抵戏。

征集于南阳县石桥机械厂院内的拳勇画像石，现藏于河南博物院。石呈长方形，长 14 厘米，宽 42 厘米。画面中刻有三位勇士徒手搏斗，其下有起伏山峦；空白处饰云气纹图案。内容简练生动写实。（图 2 - 26）

图 2 - 26　拳勇画像石

南阳石桥镇汉墓出土的角抵画像石②，现藏于河南博物院。长 151 厘米，

①司马迁. 史记（卷 87）［M］. 北京：中华书局，1959：2559.
②魏仁华，陈长山. 河南南阳石桥汉画像石墓［J］. 考古与文物，1982（1）：30.

宽 42 厘米。画左刻一牛弓颈前抵；右刻二人，一人徒手，一人手执长矛，角斗正酣。（图 2 - 27）

图 2 - 27　角抵画像石

现藏于河南博物院的角技斗牛画像石，长 158 厘米，宽 27 厘米。画中左有二人，跨步狂奔；画右一牛低首耸肩，后蹄腾空，仓皇逃窜。（图 2 - 28）

图 2 - 28　角技斗牛画像石

现藏于河南博物院的斗兽画像石，长 136 厘米，宽 30 厘米。石呈长方形，中间刻一象人，挥动两臂，做搏斗状，与一牛搏斗，左刻一虎向象人扑来，画面生动简练。（图 2 - 29）

图 2 - 29　斗兽画像石

南阳市出土的舞乐、兽斗画像石，现藏于河南博物院。长 188 厘米，宽 64 厘米，厚 12 厘米。石呈长方形，画面分为上下两层，上层为舞乐人物，共 8 人，两端各三人吹奏，中间二人做舞蹈动作；下层右边二犀牛做斗状，中间有一龙和一牛。此画像石雕刻粗狂古朴，人物造型生动，主题为兽斗画面，动物形象生动，用夸张写意手法将动物形象雕刻得栩栩如生。（图 2－30）

图 2－30　舞乐、兽斗画像石

南阳东风厂画像石墓出土的牛虎斗画像石，现藏于南阳汉画馆①。长 139 厘米，宽 39 厘米。画左刻一虎，张口奋爪，右刻一牛，勾头前抵。（图 2－31、图 2－32）

图 2－31　牛虎斗画像石（南阳汉画馆提供图片）

---

①凌皆兵，王清建，牛天伟. 中国南阳汉画像石大全（第二卷）［M］. 郑州：大象出版社，2015：54，55.

图 2 - 32　牛虎斗画像石拓片

4. 舞乐百戏

在角抵戏基础上发展起来的还有一种柔美的艺术——舞乐百戏。它是一项大型的综合性表演艺术，融音乐、舞蹈、杂技、马戏于一体。

南阳唐河县针织厂汉墓出土的乐舞宴飨画像石①，高 85 厘米，长 135 厘米。画面中有一位女伎（发高高挽起）在挥舞长袖，翩翩起舞，其足踏盘，姿态优美动人。画面中的人分为三组，上面一排四人：左一人正襟危坐，欣赏乐舞，其前跪一人，执笏；右一人席地而坐，可能是在击筑；对面坐一人，仰面，左手上举，二人之间有二壶。中间一排五人：左三人跽坐，其中中间一人击筑，左右二人不知执何物；中有一樽；右二人，一女伎舒长袖而舞，一人跽坐奏乐。下面一排五人：左三人中二人对坐著六博，中置博局，旁有一樽，一人站立观看；右边有二人在高谈阔论。（图 2 - 33、图 2 - 34）

六博棋亦称博戏或陆博，是一种棋类游戏，出现在春秋战国以前。博即簿，《楚辞·招魂》，"有六簿些"，王逸注："投六箸，行六 ，故为六薄也"，簿亦作博。《楚辞补注》中引《古博经》曰："博法，二人相对，坐向局，局分为十二道，两头当中名为水。用棋十二枚，六白六黑，又用鱼二枚置于水中，其掷采以琼为之。二人互掷采行棋，棋行到处即竖之，名为骁棋，即入水食鱼，亦名牵鱼。每牵一鱼获二筹，翻一鱼获二筹。"② 博局的棋子一般为十二颗，大小在 2 ~ 5 厘米。形制大致分为三种，一种是形制大小

---

①凌皆兵，王清建，牛天伟. 中国南阳汉画像石大全（第三卷）［M］. 郑州：大象出版社，2015：96.
②洪兴祖. 楚辞补注［M］. 北京：中华书局，1983：211 - 212.

完全相同的十二颗棋子，六白六黑，分成二组。一种是用形状不同来区别，一组为方形棋子，另一组为长方形棋子，每组六颗棋子；另一种是十二颗棋子分两组，每组六颗一大五小，且大棋与小棋的颜色也不同。

　　博戏在春秋战国之际就已成为人们喜爱的娱乐活动。秦汉时期，博戏更加流行。文献记载汉代文帝、景帝、武帝、昭帝、宣帝都喜爱博戏。《史记·吴王濞列传》："孝文时，吴太子入见，得侍皇太子饮博。"《娄春秋旧事》："倪宽慰汉司农卿，与太子博。"太子即后来的汉昭帝。汉代还有一些专以博戏为业的人，被称为"博徒"。

图 2-33　乐舞宴饮画像石（南阳汉画馆提供图片）

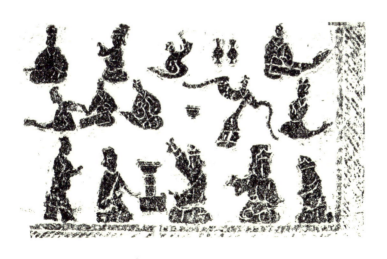

图 2-34　乐舞宴饮画像石拓片

南阳卧龙岗沙岗店出土的舞乐宴饮骑行画像石，长 188 厘米，宽 64 厘米，厚 12 厘米，现藏于河南博物院。画像石整体为浅浮雕，画面分上下两层，上层为百戏宴饮，右边为 2 人穿祖领宽袖长袍围着席子跪坐，1 人举杯敬酒，另 1 人拱手致谢。后有侍者捧圆盘站立，中部有 2 人起舞弄壶，左边 3 人吹箫、击鼓伴奏助兴，俨然一番热闹场面。既生动体现了贵族们奢侈的生活，又表现了汉代文化艺术的繁盛。下层为车骑出行图，前后两车，车前驭手扬鞭驱马疾驰，后方车上装饰华盖，坐尊者，两车前均有执戟的导骑，最前方有一人拱手站立做迎宾状，反映了贵族的生活和出行场景。（图 2 - 35）

图 2 - 35　百戏宴饮车骑画像石

南阳出土的乐舞百戏、宴饮画像石①，现藏于南阳汉画馆。上层是一个主人手持耳杯畅饮，其旁置一建鼓，鼓面大而高度低，两名伎人手执桴边击鼓边起舞，身体明显小于坐在一侧的主人。画面下方刻有一条长案，案上摆满佳肴，有一圆盘放着炮制好的大鱼，头和尾伸出盘外，食案上另有 3 只肥鸭和 4 块饼状物，可谓钟鸣鼎食。长案上还有耳杯，杯子和盘子的处理非常特殊，为了使它更加具有立体效果，刻画的部分向下凹陷，另外上下两层是两个不同的视角，上层是一个平视图，下层是一个俯视图。（图 2 - 36）

---

①赵成甫. 南阳汉代画像砖［M］. 北京：文物出版社，1990：图 97.

图 2 - 36　乐舞宴饮画像石

　　汉代宴饮成风，为宴饮做准备的庖厨较为直观地反映了汉代的饮食习惯和炊煮文化。南阳英庄汉墓出土的庖厨画像石，长98厘米，宽33厘米，现藏于南阳汉画馆。画面上部刻一人，面前放一几案，其上悬挂肉串和猪腿；下部刻一人，正在灶前忙碌，左侧有灶口，右侧有一高烟囱①（图 2 - 37、图 2 - 38）

图 2 - 37　庖厨画像石（南阳汉画馆提供图片）　　图 2 - 38　庖厨画像石拓片

①牛天伟，王清建，凌皆兵. 中国南阳汉画像石大全（第二卷）［M］. 郑州：大象出版社，2015：265.

庖厨图的格套必要元件一般包括炊煮和鱼、肉等食材，即这些是构成庖厨图不可或缺的因素；庖厨图还包括一些次要元件，如用辘轳汲水等，其作用是更好地突显主题。

庖厨图的构成一般较为紧凑，图像中人物分布适中，这是因为"汉代画像石对表现空间的构图方式多采用散点透视法。所谓散点透视，是指把眼睛在移动中观察到的物象，集中表现于一幅画面上"①。此构图方法可以将所表现的物象直接、明确地表现出来。庖厨图多"对物象采用高点散视的构图，使纵深空间里的物象脱离水平底线，由近而远地散布于画面，而画面里的上下位置则显示了远近纵深的空间关系"②。

虽然有的庖厨图人物众多，有的只表现炊煮，但其反映出人们对某种社会观念的认同，其复杂程度从侧面反映墓主生前的社会地位和实力。庖厨图主要反映汉代肉食加工的过程，较少涉及主食和蔬菜的加工，其只是部分地反映汉代的饮食习惯和结构。庖厨图的特点为：第一，全国各地出土的庖厨图内容大致相同，大多包括有切菜、炊煮和屠宰图，只是有的表现得丰富些；第二，汉代人的肉食主要包含猪、狗、牛、羊和鸡、鸭、鱼等；第三，注重刻画肉食的加工场面，这是汉代"肉食者尊"和"尊老敬老"意识的体现。《汉书·食货志》载："鸡豚狗彘毋失其时，女修蚕织，则五十可以衣帛，七十可以食肉。"③可见，肉食成为一种社会地位的象征。汉代仍然遵循这一社会习俗，汉人相信死后灵魂不灭，于是将各种肉食雕刻于画像石上安放在墓室中，希望先人能够继续享用美味，并以此来抬高逝者的社会地位。

庖厨图的意义在于：

（1）体现孝道。《礼记·祭统》载："凡治人之道，莫急于礼。礼有五经，莫重于祭。夫祭者，非物自外至者也，自中出生于心也；心怵而奉之以礼，是故唯贤者能尽祭之义。贤者之祭也，必受其福，非世所谓福也。福者，备也。备者，百顺之名也。无所不顺者谓之备。言内尽于己，而外顺于道也。……祭者，所以追养继孝也。孝者，蓄也。顺于道，不逆于伦，是之

---

①蒋英炬，杨爱国. 汉代画像石与画像砖［M］. 北京：文物出版社，2001：166，167.
②蒋英炬，杨爱国. 汉代画像石与画像砖［M］. 北京：文物出版社，2001：166，167.
③班固. 汉书·食货志［M］. 北京：中华书局，1962：1120.

谓蓄。是故孝子之事亲也，有三道焉：生则养，没则丧，丧毕则祭。养则观其顺也，丧则观其哀也，祭则观其敬而时也。尽此三道者，孝子之行也。"① 由此可知，汉代的孝是作为"礼"的体现，表现在养老、丧葬、祭祀三方面。画像中的庖厨图体现了养生的观念②。

东汉政府以"举孝廉"作为选拔官吏的制度，孝行成为个人进入仕途的重要条件，对父母进行养老是尽孝的表现。

（2）祭祀祖先及与神灵沟通。祠堂的建立是为了祭祀祖先，关于祠堂的画像，信立祥说："第一是画像的内容和布局都非常规格化和固定化。祠堂后壁画像，都有祠主夫妇形象……祠堂两侧壁都绘有仙人、庖厨、宴饮、乐舞百戏等场面和胡汉战争、孔子见老子、周公辅成王等历史故事画面……第二，祠堂画像均采取分格布局法，即把石面从上至下用直线或图案花纹带分为数层，每层画像表现一个主题内容，整个画面层次分明，井然有序……这只能说明，祠堂石刻画像从内容到整体布局安排都是模仿早已定型化的土木结构祠堂壁画而来，否则，绝不会如此整齐划一。"③

庖厨图中刻画多为肉食，而且大量出现在平民墓中。但在当时的日常生活中，平民阶层很少以肉食为主，只有在重要节日和场合时，老百姓才会炮制如此丰盛的食物，也即在祭祀祖先时才会出现此场景。从各地出土的画像石资料看，所谓庖厨，"无非是灶台、水井、酒具、宰牲、牺牲等内容的排列组合。而这一切都是为祭祀为供奉牺牲服务的，是其中的一个程序"④。庖厨图所表现的就是为祭祀神灵和祖先而准备祭食的场面。《后汉书·郊祀志》载，王莽新朝末年，"自天地六宗以下至诸小鬼神，凡千七百所，用三牲鸟兽三千余种"⑤。可知，祭祀需用大量牺牲作为祭品。

无论是祭食的兔、鸡、鱼等，还是灶和井等工具，都具有与祖先和神灵沟通的特性。张光直认为，"神属于天，民属于地，二者之间的交通要靠巫觋的祭祀。……但是我们相信巫觋在祭祀作法时，是使用占卜术而能知道神

①杨天宇. 礼记译注［M］. 上海：上海古籍出版社，2004：631－632.
②张保玲. 汉画"庖厨图"再释//中国汉画学会第十三届年会论文集［C］. 郑州：中州古籍出版社，2011：92.
③信立祥. 汉代画像石综合研究［M］. 北京：文物出版社，2000：20－25.
④李国华. 浅析汉画像石关于祭祀仪礼中的供奉牺牲［J］. 中原文物，1994（4）：71.
⑤班固. 汉书（卷25）［M］. 北京：中华书局，1962：1270.

与祖先的旨意的；是使用歌舞和饮食而迎神的；是使用酒精或其他兴奋药剂达到昏迷状况而与神界交往的"[1]。

（3）墓主人生前日常生活的写照。汉代，土地兼并日益加剧，特别是东汉，地主豪强纷纷扩张势力，他们大治宅第，钟鸣鼎食，一味追求享受。如江苏檀山集收集的庖厨图，刻有三层楼阁，男女主人分别居于二楼和三楼，仆人们手托托盘用美食和醇酒伺候主人用餐，此场景应是汉代贵族日常生活的写照。此类庖厨图除了炫耀墓主人生前的地位和享受，也寄寓着他们对荣华富贵的不懈追求之意。

汉代的庖厨图反映了汉代的饮食史和制度史，记载了饮食中的食材、食品加工和制作方法，以及礼仪制度等，对研究汉代的艺术和饮食有着重要的学术价值和意义。

南阳麒麟岗汉墓出土的盘鼓舞画像石，长267厘米，宽39厘米，厚19厘米，现藏于南阳汉画馆。画面刻舞乐表演，中部有四人在表演，一女子手持长巾踏盘和鼓而舞，另有一人侧立，一人跳三丸，一人做滑稽表演。画左二人为男女墓主人观看表演，旁边一奴仆跪伏于地。画右一人，身子向后倾斜。（图2-39）

图2-39　盘鼓舞画像石

南阳石桥汉墓出土的舞乐百戏画像石，长119厘米，宽33厘米，现藏于南阳汉画馆。画面正中刻一女歌伎，头梳高髻，作踏拊舞；左面一女伎在樽上单手倒立，另一女伎在伴舞；右面三人伴奏，其中前一人击鞞鼓，后二人吹排箫。（图2-40）

---

①张光直. 考古学专题六讲 [M]. 北京：生活·读书·新知三联书店，2010：96.

图 2 - 40　舞乐百戏画像石

现藏于河南博物院的乐舞画像石，长 163 厘米，宽 48 厘米，厚 33 厘米。石呈长方形。画面右为建鼓，鼓两旁二人且鼓且舞，侧一人侍立，一人执排箫摇鼓；左边五人，一人起长袖而舞，一人倒立，一人做滑稽表演，其他二人因石漫漶不清不知做何。（图 2 - 41）

图 2 - 41　乐舞画像石

南阳石桥镇出土的建鼓舞画像石，长 160 厘米，宽 33 厘米，现藏于河南博物院。石呈长方形。画左刻一兽形鼓座的建鼓，鼓左右各刻舞者，且鼓且舞；画右刻三个奏乐者或讴歌者。（图 2 - 42）画面生动写实，人物造型生动，具有一定的艺术价值。

图 2 - 42　建鼓舞画像石

汉代的杂技技艺也非常高超，南阳王寨汉墓出土的跳丸、吐火画像石，长162厘米，宽43厘米，厚26厘米，现藏于南阳汉画馆。画中刻一名俳优，一只手摇着拨浪鼓，另外一只手单手跳12丸，技艺非常高超；另一男子表演口中吐火，此幻术表演从西域传入中原。画面中还有樽上倒立、编钟表演。（图2-43）此画像见证了汉代乐舞百戏的繁荣和中西文化的交流与融合。

图2-43　跳丸、吐火画像石

广义而言，"吐火"属于汉代百戏的一种；狭义来看，它应属于百戏众多类别之一，即"幻术"表演中的一种。幻术，类似于今天的魔术，它通常借助专业的道具制造出幻觉、幻视、幻听或幻象的神秘效果，来展示"超自然""超想象"奇迹的艺术，从而愉悦观众。

文献记载，我国历史上最早的幻术表演出现于汉武帝时期。大汉王朝的西北边陲，经常受到匈奴的骚扰，汉武帝为了联合西域各国共同抗击匈奴，特别派遣张骞出使西域寻求军事支援，经过十余年的不懈努力，张骞终于到达大月氏国，后西域安息国派使团随张骞回访汉武帝，送来了当地特产作为朝贡礼物的同时，还有两名幻术师前来献技。《史记·大宛列传》详细地记录下了当时的盛况："初，汉使至安息，安息王令将二万骑迎于东界。……汉使还，而后发使随汉使来观汉广大，以大鸟卵及黎轩善眩人献于汉。……天子大悦……于是大角抵，出奇戏诸怪物，多聚观者，行赏赐，酒池肉林，令外国客遍观各仓库府藏之积，见汉之广大，倾骇之。及加其眩者之工，而角抵奇戏岁增变，其盛益兴，自此始。"[①]"角抵"实际是对当时杂技的统称，"奇戏"是幻术的统称。唐朝颜师古在《汉书·张骞传注》中解释说："眩"读与

---

①司马迁.史记(卷123)[M].北京:中华书局,1959:3172,3173.

"幻"同,即今吞刀吐火、种瓜种树、屠人载马之术皆是也。本从西域来。"①

在当时,幻人跟随张骞来到强大的汉朝展示自己的技艺,博取大汉皇帝的欢心。汉武帝应允幻术表演与角抵、百戏同台表演,说明了强盛的汉代对这种外来文化的认可和接受。绘制有幻术图案的画像石在汉代墓葬中使用,体现了幻术这一表演形式在人民大众中的普及和应用。

南阳草店汉墓出土的舞乐百戏画像石,长155厘米,宽34厘米,现藏于南阳汉画馆。画中共刻九人,自左而右,第一人执棒站立,第二人伏案坐,第三人弹琴,第四人至第六人表演滑稽戏,第八人樽上倒立,第九人舒长袖而舞。(图2-44)

图2-44 舞乐百戏画像石

反映汉代社会生活的踞坐赏乐画像石,现藏于南阳汉画馆。(图2-45)画面精致、构图疏朗,颇具美感,踞坐是一种汉代官方坐姿,上身挺直,臀部坐在自己的脚后跟上。

图2-45 踞坐赏乐画像石

①班固. 汉书(卷61)[M]. 北京:中华书局,1962:2696.

　　征集于南阳市七里园乡沙岗店的投壶画像石，现藏于南阳汉画馆①。画中刻与投壶者为宾主各一人，他们一手抱一把箭，另一手执一支箭，做出向一个高圈足壶投箭的姿势，壶中已经投入两只箭，左旁有一个三足酒樽，中间放置一勺。画左有一大汉被一侍者搀扶，应是败下阵来的人。画右一人为裁判，正在履行监督职责。（图2－46、图2－47）

　　投壶最早起源于周朝的宴会礼仪。据《左传·昭公二十年》记载："晋侯以齐侯宴，中行穆子相，投壶。晋侯先，穆天子曰：'有酒如淮，有肉如坻，寡君中此，为诸侯师。'中之，齐侯举矢曰：'有酒如渑，有肉如陵。寡人中此，与君代兴。'亦中之。"《礼记·投壶》记载："壶颈修七寸，腹修五寸，口径二寸半，容斗五升，壶中实小豆焉，为其矢之跃而出也，壶去席二矢半，矢以柎，若棘，毋去其皮。"这不仅记载了壶的形制，还说明了活动规则：投壶者距离壶两矢半处投射。因为壶口直径小（两寸半），投中的难度较大。秦汉以后，投壶活动的礼仪性质日趋弱化，而游戏趣味日渐凸显。明代汪禔《投壶仪节》曰："投壶，射礼之细也，燕而射，乐宾也。庭除之间，或不能弧矢之张也，故易之以投壶。"

　　《礼记》中还记载投壶投中之后主人有美酒佳肴受赐于宾客。贵族阶层投壶时有专门的裁判即"司射"，《礼记》曰："投壶之礼，主人奉矢，司射奉中，使人执壶。主人请曰：'某有枉矢哨壶，请以乐宾。'"下图的画像石形象地反映出投壶场面。

图2－46　投壶画像石（南阳汉画馆提供图片）

①凌皆兵，王清建，牛天伟. 中国南阳汉画像石大全（第五卷）［M］. 郑州：大象出版社，2015：188.

图 2 - 47　投壶画像石拓片

5. 拜谒

　　唐河县电厂出土的拜谒图①,现藏于南阳汉画馆。画面中二位贵族正襟危坐,神态傲然,一堆下人匍匐叩拜,毕恭毕敬,尊卑高下迥然不同。(图 2 - 48、图 2 - 49)

图 2 - 48　拜谒画像石

图 2 - 49　拜谒画像石拓片

①《南阳汉画像石》编委会. 唐河县电厂汉画像石墓[J]. 中原文物,1982(1):10.

南阳唐河冯君孺人墓出土的拜谒画像石，现藏于南阳汉画馆。画中刻画八人，最左边有一人踞坐，一人持笏跪拜，右上方有三人着长袍叩拜，右下方亦有三人戴冠着袍，持笏躬身。（图2-50）

图2-50　拜谒画像石拓片

6. 人物形象

奴隶制虽然早已废除，但汉代的许多贵族之家仍继续使用奴婢。封建统治阶级的横征暴敛，导致许多农民"卖田宅，鬻子孙"，成为官府的奴婢。1983年南阳县英庄汉画像石墓出土有三幅侍女图①，墓门中柱刻捧盒侍女双手捧盒，头上一楼阁，垂檐庑殿顶，上栖有一鹤。右手执镜。（图2-51、图2-52）

图2-51　侍女画像石（南阳汉画馆提供图片）　　图2-52　侍女画像石拓片

①赵成甫. 河南南阳县英庄汉画像石墓［J］. 文物，1984（3）：25.

南阳高庙墓出土的两侍女画像石,长 135 厘米,宽 76 厘米,现藏于南阳汉画馆①。画中刻两侍女,左一人回首,一手执金吾,一手执一长方形物;右一人捧奁,长裙曳地。画间饰云气。(图 2 − 53、图 2 − 54)

图 2 − 53　两侍女画像石　　　　　图 2 − 54　两侍女画像石拓片

南阳汉代画像石中还有执镜侍女(图 2 − 55、图 2 − 56)、端灯侍女(图 2 − 57、图 2 − 58)、捧奁侍女等,他们终日服侍贵族阶层,为统治者服务,没有任何政治地位。

图 2 − 55　执镜侍女　　图 2 − 56　　　　图 2 − 57　　　　图 2 − 58
画像石(南阳汉画　执镜侍女画像石拓片　端灯侍女画像石　端灯侍女画像石拓片
馆提供图片)

①凌皆兵,王清建,牛天伟. 中国南阳汉画像石大全(第二卷)[M]. 郑州:大象出版社,2015:130.

汉代女子的发式，以挽髻为主。从形象资料看，发髻样式较多，有堆在头顶上的，有分向两边的。发髻的编梳方法，通常是从头顶正中分开头路，然后将两股头发编成一束，由下至上反搭，挽成各种式样。其中有一种发式是将头发盘成各种髻式之外，又在髻后垂下一绺头发，称为"垂髾"，亦称"分髾"。《状台记》称："汉明帝令宫人梳百合分髾髻。"就是指这样的妆饰①。图2-58中端灯侍女梳的即垂髾。

南阳草店墓出土的拥彗人物画像石，长119厘米，宽33厘米，现藏于南阳汉画馆。画中一人物戴冠，着长袍，双手拥彗，侧身站立。②（图2-59、图2-60）

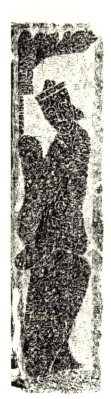

图2-59　拥彗小吏画像石　　　　图2-60　拥彗小吏画像石拓片

（南阳汉画馆提供图片）

---

①上海市戏曲学校中国服装史研究组. 中国历代服饰［M］. 上海：学林出版社，1998：40.

②凌皆兵，王清建，牛天伟. 中国南阳汉画像石大全（第二卷）［M］. 郑州：大象出版社，2015：17.

南阳东风厂墓出土的执金吾人物画像石,长 122 厘米,宽 27 厘米,现藏于南阳汉画馆①。画中刻一人,双手执金吾站立。(图 2 - 61)

1959 年在南阳市七孔桥采集的执笏执棨戟门吏画像石,现藏于河南博物院。横 149 厘米,纵 28 厘米。石呈长方形。上刻一动物,头部已残损,下部刻一人,戴冠着长袍,执棨戟直立。画像内容简练。(图 2 - 62)

图 2 - 61　执金吾小吏　　　　　图 2 - 62　执棨戟门吏画像石

汉代是一个崇尚武力的时代,在汉墓中发现了很多武士、武库的形象,刻画这些图像在汉墓中一方面是为了保护墓主人的安全,另一方面是为了起到驱邪镇墓的作用。南阳刘洼墓出土的蹶张画像石,现藏于河南博物院。长 150 厘米,宽 30 厘米。画中刻一武士,头梳高髻,两眼圆瞪,口衔一箭矢,双脚踏于弓上,两手用力拉弓弦。《汉书·申屠嘉传》记载:"申屠嘉,梁人也。以材官蹶张从高帝击项籍,迁为队率。"如淳注曰:"材官之多力,能脚踏彊弩张之,故曰蹶张。"②(图 2 - 63) 此形象突出了射手力大

①凌皆兵,王清建,牛天伟.中国南阳汉画像石大全(第二卷)[M].郑州:大象出版社,2015:60.
②班固. 汉书 (卷42) [M]. 北京: 中华书局, 1962:2100.

体壮，威猛刚烈。

图 2－63　蹶张画像石

南阳唐河针织厂汉画像石墓出土的武库画像石分上下两层，上层壁面兰锜上挂有两长矛、两棨戟、两双刺戟等兵器，下层壁面挂五盾。兵器下壁面竖有一罦，旁边还有二护卫。（图 2－64、图 2－65）

图 2－64　武库画像石（南阳汉画馆提供图片）　　图 2－65　武库画像石拓片

西汉建立初年，社会民生凋敝，史书记载："丈夫从军旅，老弱转粮饷，作业剧而财匮，自天子不能具钧驷，而将相或乘牛车。齐民无藏盖。"① 北方的匈奴正处于最强大时期，冒顿执政时期，匈奴逐渐统一了北方草原，成为北方的霸主，"兵强，控弦三十万"②，对中原地区也一度虎视眈眈。汉武帝时，国力强盛，汉政府开始对匈奴发动大规模的战争。汉匈交战期间，"汉兵深入穷追二十余年，匈奴孕重堕殰，罷极苦之"③。匈奴损失惨重，不复当年的强盛。而汉武帝连年征战也耗费巨大国力，"穷竭武力，单用天财，历纪岁以攘之。寇虽颇折，而汉之疲耗略相当矣"④。武帝之后，汉朝经过汉昭帝和汉宣帝的励精图治，西汉国力得以稳定性恢复和发展。匈奴内部为争单于之位内讧，而且连年灾害，百姓生活困顿不堪。于是匈奴自单于以下常有欲和亲计。"……然其侵盗益希，遇汉使愈厚，欲以渐致和亲，汉亦羁縻之"⑤。

东汉初年，政局不稳，无心外事，如光武帝诏书中云："今国无善政，灾变不息，百姓惊惶，人不自保，而复欲远事边外乎？……且北狄尚强，而屯田警备传闻之事，恒多失实。诚能举天下之半以灭大寇，岂非至愿；苟非其时，不如息人。"⑥

东汉政府对匈奴不时的侵扰，多采取防御政策，对于西域诸国之事，不加理会，《后汉书·西域列传》载："匈奴敛税重刻，诸国不堪命，建武中，皆遣使求内属，愿请都护。光武以天下初定，未遑外事，竟不许之。"⑦

"和亲"政策多是在西汉初年汉朝经济实力较弱时提出。汉武帝时国力强盛，对匈奴发动战争，匈奴被打得无力还手，主动向汉廷提出和亲。东汉初年，汉朝政府无力经营西域，对匈奴采取守势。后来南北匈奴分裂，东汉政府接受了南匈奴"永为蕃蔽，捍御北虏"的肯求。

---

①司马迁. 史记（卷30）[M]. 北京：中华书局，1959：1417.
②司马迁. 史记（卷99）[M]. 北京：中华书局，1959：2719.
③班固. 汉书（卷94）[M]. 北京：中华书局，1962：3781.
④范晔. 后汉书（卷89）[M]. 北京：中华书局，1965：2966.
⑤班固. 汉书（卷94）[M]. 北京：中华书局，1962：3783.
⑥范晔. 后汉书（卷18）[M]. 北京：中华书局，1965：696.
⑦范晔. 后汉书（卷88）[M]. 北京：中华书局，1965：2909.

汉匈之间的和亲，意味着双方互开关市。"关市"，据《资治通鉴》卷一三"汉高后四年"载："有司请禁关市铁器。"胡三省注曰："汉于边关与蛮夷通市，谓之'关市'。"① 所谓"汉于边关与蛮夷通市"，不仅指中原地区与北方匈奴居住地区之间进行的关市贸易，亦包括中原地区与周边其他地区之间所进行的关市贸易。林幹指出，汉匈之间和亲的条款之一，就是"汉朝开放'关市'，准许两族人民交易。这在刘敬往结和亲之约后便实行了。"② 宋超在其著作《汉匈战争三百年》说道："和亲的作用并不完全是消极的，对于汉匈双方也有积极的一面。特别是关市的开通，匈奴用畜产品与汉民族地区交换农产品与手工制品，特别是金属器具，对于改变匈奴单一的畜牧业经济结构以及汉匈经济的发展、文化的交流、民族间的往来都有一定的益处。"③

两汉时期汉朝与北方草原的战争与和亲政策，都在一定程度上促进了文化交流。正如韩养民所云："文化的交流融合，并不尽是在温情脉脉的牧歌声中进行。它经常要无情地践踏着千万具尸体而前行。……频繁的战争便是文化大融合的催生剂。"④

秦朝建立后，为了促进边境地区的发展和稳定，在国内地区之间推行了大规模迁徙民众的措施。据《史记·秦始皇本纪》载："（秦始皇）二十八年，……乃徙黔首三万户琅邪台下。……三十三年，发诸尝逋亡人、赘婿、贾人略取陆梁地，为桂林、象郡、南海，以适遣戍。西北斥逐匈奴。自榆中并河以东，属之阴山，以为四十四县，城河上为塞。又使蒙恬渡河取高阙、陶山、北假中，筑亭障以逐戎人。徙谪，实之初县。……三十五年……因徙三万家丽邑，五万家云阳。三十六年……迁北河榆中三万家。"⑤ "以谪徙民，与越杂处十三岁。"⑥

汉代建立之后，国土的统一为国内民众的迁徙流动带来了政治上的便

①司马光. 资治通鉴（卷13）[M]. 北京：中华书局，1978：424.

②林幹. 匈奴通史 [M]. 北京：人民出版社，1986：50.

③宋超. 汉匈战争三百年 [M]. 北京：华夏出版社，1996：27-28.

④韩养民. 多源的秦汉文化 [J]. 浙江学刊，1986（4）：125-132.

⑤司马迁. 史记（卷6）[M]. 北京：中华书局，1959：244，253，256，259.

⑥司马迁. 史记（卷113）[M]. 北京：中华书局，1959：2967.

利。如《汉书·地理志下》云："汉承百王之末，国土变改，民人迁徙。"①
汉政府实行移民是为了恢复经济生产。

楚汉战争结束之后，汉高祖刘邦随即下令士兵归乡务农，以恢复地方经济。汉高祖五年，"兵皆罢归家。诸侯子在关中者复之十二岁，其归者复之六岁，食之一岁。"②

汉初为了"强干弱枝"，削弱六国贵族后裔的实力，将原六国贵族尽数迁往关中。如《史记·高祖本纪》载："（高祖）九年，……徙贵族楚昭、屈、景、怀、齐田氏关中。"③ 迁徙六国贵族的建议，是刘敬向汉高祖刘邦提出的建议，如《史记·刘敬叔孙通列传》载："刘敬从匈奴来，因言：'匈奴河南白羊、楼烦王，去长安近者七百里，轻骑一日一夜可以至秦中。秦中新破，少民，地肥饶，可益实。夫诸侯初起时，非齐诸田，楚昭、屈、景莫能兴。今陛下虽都关中，实少人。北近胡寇，东有六国之族，宗强，一日有变，陛下亦未得高枕而卧也。臣愿陛下徙齐诸田，楚昭、屈、景、燕、赵、韩、魏后，及豪杰名家居关中。无事，可以备胡；诸侯有变，亦足率以东伐。此强本弱末之术也'。上曰：'善'。乃使刘敬徙所言关中十余万口。"④

如刘敬所言，为了"强本弱末"，迁徙的民族不仅包括六国贵族，还包括了地方豪杰，故而迁徙的人口有"十余万"之多。汉武帝时，为加强中央集权，削弱地方势力，也有迁徙地方豪强的活动，如武帝太始元年（公元96年），"徙郡国吏民豪桀于茂陵、云陵"⑤。《汉书·地理志下》载："汉兴，立都长安，徙齐诸田，楚昭、屈、景及诸功臣家于长陵。后世世徙吏二千石、高訾富人及豪杰并兼之家于诸陵。盖亦以强干弱枝，非独为奉山园也。是故五方杂厝，风俗不纯。"⑥ 这里班固所说民众迁徙使得"五方杂厝，风俗不纯"，道出了人口流动使得各地区风俗文化得到交流融合的结果。这其中，周边地区独特的民俗风情和饮食、服饰、歌舞等，大大丰富了中原地区

---

① 班固. 汉书（卷28）［M］. 北京：中华书局，1962：1640.
② 司马迁. 史记（卷8）［M］. 北京：中华书局，1959：380.
③ 司马迁. 史记（卷8）［M］. 北京：中华书局，1959：386.
④ 司马迁. 史记（卷99）［M］. 北京：中华书局，1959：2719－2720.
⑤ 班固. 汉书（卷6）［M］. 北京：中华书局，1962：205.
⑥ 班固. 汉书（卷28）［M］. 北京：中华书局，1962：1642.

人们的生活。

西汉政府组织大量的人口迁移充边，战争结束，迁移中原地区人口到边境；边境地区人口也进入中原地区。

在一些画像石中出现胡人形象。方城杨集汉墓出土的带有"胡奴门"榜题画像石中，胡奴身材高大、魁梧，脸上刻有烙印，应是奴隶的标志。胡奴右手持一长柄笤帚，当为"拥彗"，把守门庭。胡人善于骑射，经常侵扰汉王朝北方疆域，胡汉之间战争不可避免，胡人被擒后成为奴隶打扫庭院，看守门户。（图2-66）

图2-66　胡奴门画像石拓片

（三）天文星象、祥瑞升仙

汉代的天文科学和神话传说也为后人留下了宝贵的财富。南阳汉画像中的天文图像占全国汉画像石中天文图像的80%以上，汉画像石的位置大多位于墓室的顶部，代表了墓室的天空。

1. 天文星象

南阳市英庄汉墓出土的阳乌画像石，现藏于南阳汉画馆。采用剔地浅浮雕的手法进行雕刻，画面中一只巨大的金乌飞翔在空中，四周环绕着云纹和天象图案，金乌的身体部分采用了一个巨大的圆形，目的就是为了表现太阳和它的关系。（图2-67）这一切在古书中亦有记载，《山海经》中有"金乌负日"的神话传说，如《山海经·大荒东经》："汤谷上有扶木，一日方至，一日方出，皆载于乌。"[①]《淮南子·精神篇》中说"日中有踆乌"，郭璞注解说"中有三足乌"。古人认为有一只金色的乌鸦每天背负着太阳，朝升暮落，因此在乌鸦的腹部刻画一只圆轮，取名"阳乌"，来代表太阳，也就是我们常说的太阳鸟。

---

①袁珂校注. 山海经校注［M］. 上海：上海古籍出版社，1980：354.

图 2-67　阳乌画像石

彗星、日月，一个圆轮里面刻画一只蟾蜍代表月亮。彗星、日月汉画像石的重点内容在后面拖着长长尾巴的彗星，它是我国汉画像中发现的唯一一块有彗星图案的画像石，说明我国先民早在汉代就已经发现了彗星彗尾指向变化的规律，比欧洲早了一千四百多年。（图 2-68）

图 2-68　彗星日月画像石

南阳卧龙岗麒麟岗汉墓出土的天象画像石，现藏于南阳汉画馆。由九块石材构成，保存较完好。古人认为，"九"乃阳数之极，所以很早人们就把九九定为重阳节，相信天有九重，地有九泉，九块石头组合在一起也象征着九重天。太阳和月亮出现在天空之中，是一种吉祥的征兆，称为"日月同辉"。画像中部刻朱雀玄武和青龙白虎，天帝居中端坐。左刻日神胸部日轮内有阳乌，北斗七星相连。右刻月神人首蛇身，胸前有一满月。全画面布局严谨，对称均匀，气势宏大。（图 2-69、图 2-70）

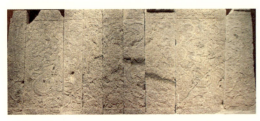

图2-69　天象画像石

图2-70　天象画像石拓片

南阳县出土的白虎星座画像石，高60厘米，长138厘米，厚40厘米，现藏于河南博物院。（图2-71）画中刻一白虎，昂首翘尾疾驰云端。虎前有六颗星，分二组，横三竖三，虎体下排列有三颗星，构成了西宫白虎星座图案。画像石上的白虎星座虽未刻全七宿，但白虎物象上的参宿是显而易见的。虎星下三星，据其相对于虎的位置，从左至右应为天狼、九游、土司空三星。这些神秘的天文图像反映了汉代人民丰富的天文知识，展现了汉代天文学的卓越成就，为研究我国古代天文学提供了宝贵的资料。

图2-71　白虎星座画像石

采集于南阳的日月合璧星宿画像石，长170厘米，宽32厘米，现藏于河南博物院。画像石呈长方形，画中刻一阳乌，圆腹内雕刻一蟾蜍，阳乌右刻九颗星宿，阳乌左刻三颗星宿。画面中分别以阳乌和蟾蜍代表日月，并以浅浮雕加线刻的手法表现，构图简洁明快。（图2-72）

图 2-72 日月合璧画像石

现藏于河南博物院的日月星宿画像石，长 188 厘米，宽 48 厘米。石呈长方形。画面中刻一阳乌，一月轮，月中有蟾蜍；画左边有一人首蛇尾的神人，手执灵芝而立。画间星宿点缀。（图 2-73）此画像中既有日月，更有繁星点缀，它形象生动地再现了大自然中的天文景观。另外，星象图中再配一位人首蛇尾、手持灵芝的神人，这在南阳汉画中也是罕见的。雕刻较精细、流畅，简洁明快。

图 2-73 日月星宿画像石

我国古代的天文学技术非常发达。在尧时，勤劳的人民就可以用阴阳合历来指定历法；殷代就已经设置了闰月；二十四节气在周成王时代被推断出来；春秋中叶，古代的天文工作者已经推算出了十九年七闰的周期。汉武帝时候的太初历在当时是领先世界的历法。中国古代的天文，不是纯粹的自然观察，总是和人、事联系在一起。因为天文学本来就是从占星术中发展而来。汉画像中的天文图，就是一种对自然审美的自然符号。

收藏于南阳汉画馆的牛郎织女画像石，长 188 厘米，高 51 厘米。（图 2-74、图 2-75）牛郎和织女的形象都出现在了其中，画面的右上部分，刻画了一个汉代男子，为牛郎，造型简洁夸张，手里握着的鞭子正高高扬起，一头老牛在他右侧，这头老牛的形象和现代豫南地区的黄牛形象几乎是一致的，老牛的头上有三颗用线相连的星座图像，为"牵牛星座"。而画面的左下角，一个汉代女子婉约地出现在其中，当为织女，挽着高髻，跪坐在地上，周围有四颗用线相连的星座图像，应为"织女星"（或为"女宿"）。此画的中间位置刻画白虎星座图像，在汉代的神话传说中，牛郎与织女相会和生活的地点就在黄河源头和天河相连处的西方，由于白虎星座代表西方天象，所以，汉代人便将白虎星座作为主体画像刻在"牛郎织女"这块画像石上，以此界定牛郎、织女星象在神话视域中的空间方位①。画面左上角还有一只玉兔，周围有七颗星星环绕，这代表的是二十八宿中的"毕宿"。

图2-74 牛郎织女画像石（南阳汉画馆提供图片）

图2-75 牛郎织女画像石拓片

天象图是汉代画像石中常见的题材，我们祖先最早的生产活动主要是畜牧业和农业，古代先民需要观测天象，根据自然界的变化规律制定历法来指导农业的发展，因此我国的天文学是自然科学中较早发展起来的一个学科。汉代天文学家把周天恒星分为二十八宿，以东西南北四方为"四宫"，并以"青龙""白虎""朱雀""玄武"四方之神来命名。豫南地区汉画像石中关于天象神话的内容较多，后人对星座的分布和了解，很大程度上依赖于汉代

①牛天伟，金爱秀. 汉画神灵图像考述［M］. 开封：河南大学出版社，2009：380.

人民的智慧。汉画像中丰富的天文图像表明，我国汉代就已经掌握了丰富的天文知识，这对指导我国的农业生产有极其重要的意义。但是在汉画像中表现的可能只是谶纬迷信的思想，原因就在于和它的刻画位置有很大的关系。

2. 祥瑞升仙

汉代人对于祥瑞升仙的追求十分浓烈，这是其他朝代所没有的现象，是汉代的民间风俗标志。其兴盛和汉代的经济、文化的发达有密切关系。在汉代人的传统哲学观念中，世间万物都属于阴阳五行哲学，人作为万物之灵自然也不能逃避。《礼记·郊特牲》所谓："魂气归于天，形魄归于地，故祭求诸阴阳之义也。"所以在汉画像石中，关于引魂升天、祥瑞升仙等内容大量出现，这其中也有人类对于繁衍生息的美好追求。汉武帝深信神仙，迷恋长生。《汉书·郊祀志》云："武帝初即位，尤敬鬼神之祀。……元鼎、元封之际，燕齐之间方士瞋目扼掔，言有神仙祭祀致福之术者以万数。"西汉晚期，谶纬迷信开始流行，东汉时期更加盛行。在汉画像石墓中升仙内容占相当大的部分，常见的有龙、凤、白虎、神龟、麒麟的图像，表达活人希望死者能在冥界安乐吉祥。

古人迷信有天降下人间的符命和瑞应，认为有天命这种事情。所以符命和祥瑞的确成为争权争位的舆论工具。在封建社会，各个阶级之间，政治集团之间的政治阶级斗争不断进行着，祥瑞思想不知不觉地被卷入政治阶级斗争的漩涡中。春秋战国时期，祥瑞开始和政治挂上钩。《左传》记载："郯子曰：'我高祖少皞之立也，凤鸟适至，故纪于鸟，为鸟师而鸟名焉。'"这就把帝王的即位和祥瑞联系了起来。东汉刘秀能成就天子之位，符瑞也起到配合的作用。在争夺政权的武装斗争过程中，诸将屡劝刘秀即位，刘秀以时机未至，不便答应。当行军至河北赵州高邑县，刘秀在长安就读时的同舍生强华子关中奉赤伏符至，符曰："刘秀发兵捕不道，四夷云集龙斗野，四七之际火为主。"群臣因复奏曰："受命之符，人应为大……今上无天子，海内淆乱，符瑞之应，昭然著闻，宜答天神，以塞群望。"[1] 诸将复要求刘秀即皇帝位，奏曰："受命之符，人应为大……符瑞之应，昭然著闻，宜答天神，以色群望。"《河图会昌符》曰："赤帝九世，巡省得中，治平则封，诚合帝道孔矩，则天文灵出，地祇瑞兴。帝刘之九，会命岱宗，诚善用之，奸伪不萌。赤汉德兴，九世会昌，巡岱皆当。天地扶九，崇经之常。汉大兴之，道

---

① 范晔. 后汉书（卷1）[M]. 北京：中华书局，1965：21.

在九世之王。封于泰山，刻石著纪，禅于梁父，退省考五。"《河图合古篇》曰："九世之秀，九名之世，帝行德，封刻政。"《河图提刘予》曰："九世之帝，方明圣，持衡拒，九州平，天下予。"① 以上都是刘秀及群臣为新政权找到的图谶，以此来证实刘汉政权的合法性。光武于是命有司设坛于鄗南千秋亭王成陌，六月已末，即皇帝位，燔燎告天②，演出了一幕以符瑞作为背景的登基戏。

南阳汉画像中有不少升仙画像和辟邪画像出现在同一幅画面上，一边为升仙场景，另一边为辟邪场面。如南阳军帐营汉墓出土的升仙画像石③，现藏于南阳汉画馆。左刻一仙人乘于龙背之上，另一仙人手执灵芝递向龙口，中部刻一神虎扑向一怪兽，画右刻一牛，蓄势待发。（图2-76、图2-77）这说明升仙和辟邪紧密相连，当时人们既想羽化登仙，又担心鬼蜮作祟，所以要驱除邪恶，于是在墓门门扉上刻画白虎铺首衔环等，在墓室内刻方相氏等来保佑死者的灵魂不受干扰，实现升天的愿望。

图2-76　辟邪、升仙画像石（南阳汉画馆提供图片）

图2-77　辟邪、升仙画像石拓片

①范晔. 后汉书（志7）[M]. 北京：中华书局，1965：3165.

②范晔. 后汉书（卷1）[M]. 北京：中华书局，1965：22.

③南阳汉画馆. 南阳汉代画像石墓[M]. 郑州：河南美术出版社，1998：93.

南阳赵寨汉画像石墓出土的祥瑞逐疫画像石，长201厘米，宽20厘米，现藏于河南博物院。石呈长方形。画像风格自左至右依次为龙、凤、方相氏、熊，其中的方相氏画像残缺大部分，内容简练。（图2-78）

图2-78 祥瑞逐疫画像石

现藏于河南博物院的逐疫升仙画像石，长174厘米，宽45.5厘米。石呈长方形。左刻两虎，张口翘尾昂头，向前奔跑；两虎中间刻一熊，右刻一兽缩成一团，一龙回首张望，上部刻一羽人，画面饰有云气。（图2-79）

图2-79 逐疫升仙画像石

羽人是汉画像石中较为常见的形象，多为人身人面，肩上生出一双翅膀。关于羽人的记载古已有之，与升仙思想有关。《山海经·海外南经》："羽民国在其东南，其为人长头，身生羽。"王逸注："《山海经》言有羽人之国，不死之民。或曰：人得道身生毛羽也。是以羽民即仙人矣。"[1] 洪信祖补注："羽人，飞仙也，千岁不死，此虚图也。"这也许是汉代羽人形象的来源。在汉代，羽化成仙是帝王将相和平民百姓都向往之事，羽人形象应运而生，成为具有超能力的神类。历史记载，汉武帝为了能羽化成仙，派使者身穿羽毛，站在白茅之上，将刻有"天道将军"的玉印授予五利将军。五利将军也

---

①袁珂. 山海经校注［M］. 上海：上海古籍出版社，1980：187.

身穿羽毛，接受玉印以沟通神灵。汉武帝希冀借此成仙。《论衡·无形篇》曰："图仙人之形，体生毛，臂变为翼，行于云，则年增矣，千岁不死。"①《论衡·道虚篇》载："好道学仙，中生毛羽，终以飞升。"② 可见汉代人们崇尚羽化升仙。

汉代封建统治者深信神仙，迷恋长生，汉代人视鹿为仙兽，"认为它是仙人的坐骑，乘之可以升仙。"汉画中的升仙主要有以龙、虎、鹿等动物为骑乘工具或坐以上瑞兽曳引的云气车升仙，如《焦氏易林》云："驾龙骑虎，周游天下，为神人使。"道教称龙、虎、鹿为三轿，画像石中以鹿、鱼、鸟等动物曳引云气车升仙的图案，都是汉人升仙思想的体现。

征集于南阳的鹿车画像石，长 164 厘米，宽 45 厘米，厚 35 厘米，现藏于河南博物院。石呈长方形。石中刻鹿车升仙图，二鹿腾跃曳一云气簇拥的方舆，上坐二仙人，车上装饰有一旌旗，后随一鹿及手持仙草的两位羽人。画面空白处饰以云气。画面以浅浮雕技法刻出鹿、车及人的形象，后再以阴线刻出细微部分，以纵向阴线刻作衬地，使形象更为突出。此画像石画面以极为洗练的刀法，刻出了奔鹿和飞驰的车舆及人物，显示出粗放、运动和力量之美感。（图 2 - 80）

图 2 - 80　鹿车画像石

征集于南阳的羽人戏鹿画像石，长 121 厘米，宽 38 厘米，现藏于河南博物院。画面中右刻一鹿，后蹄腾空，回头观望。鹿左一仙人执灵芝与鹿戏奔，空间饰云气纹图案。（图 2 - 81）

---

①黄晖. 论衡校释［M］. 北京：中华书局，2018：56.

②黄晖. 论衡校释［M］. 北京：中华书局，2018：276.

图2-81 羽人戏鹿画像石

南阳市麒麟岗汉墓出土的仙人乘龟画像石①，画面刻仙人乘于龟背之上，其意为乘龟飞升。（图2-82）龟具有升仙的灵性。《史记·龟策列传》曰："龟甚神灵，降于上天，陷于深渊。"② 又云龟能行气导引。《楚辞·远游》有"召玄武而奔属"之句。

图2-82 仙人乘龟画像石（南阳汉画馆提供图片）

南阳市王庄墓出土的五鹄画像石，现藏于南阳汉画馆。（图2-83、图2-84）图中五只鹄鸟展翅高飞，关于鹄鸟的记载最早出现在《山海经》中，"黄鹄出东海，以其来集为祥。"在汉画像中，鹄鸟是一种架起了天地与神人之间桥梁的祥禽，除此以外还有龙、凤、鹿、虎、天马、仙鹤、神龟等，它们中不乏面目狰狞、性情凶残、不可驾驭的怪兽，但是人们为了达到升仙的

---

①南阳汉画馆. 南阳汉代画像石墓［M］. 郑州：河南美术出版社，1998：136.
②司马迁. 史记（卷128）［M］. 北京：中华书局，1959：3231.

目的，并没有表现出相应的恐惧和厌恶情绪，而是心甘情愿地与它们和平共处。汉代人认为，只要经过潜心的修炼，就能不衣不食，肩生双翼，飞上天去，成为仙人，也就是常说的"羽化成仙"。

图2-83　五鹊画像石

图2-84　五鹊画像石拓片

南阳麒麟岗汉墓出土的升仙画像石，长144厘米，宽40厘米，现藏于南阳汉画馆①。此画像由两块石头组成，画右一龙做腾飞状，其右一人，站于云气之上，肩生毛羽，双手执仙草前伸。羽人身后有一人，戴羽冠，坐于云端。龙左有一女子，人首蛇身，似为女娲。其左刻一神怪，形似蟾蜍，双手执女娲蛇尾。其左有一神怪，赤身有尾，身生毛羽，双手执一物奔跑。画面云气缭绕。（图2-85、图2-86、图2-87）

①凌皆兵，王清建，牛天伟. 中国南阳汉画像石大全（第一卷）［M］. 郑州：大象出版社，2015：68，69.

图 2-85　升仙画像石局部 1（南阳汉画馆提供图片）

图 2-86　升仙画像石局部 2（南阳汉画馆提供图片）

图 2-87　升仙画像石拓片

（四）神话传说

常以人首蛇（龙）身出现的伏羲、女娲形象在画像石中屡见不鲜，尤以南阳汉画像石墓中为多①。画像中的伏羲、女娲像往往是蛇躯尾端紧紧交缠在一起，有时两人分执规、矩，"规天""距地"以定方圆。有的画像中伏羲、女娲间还有一个拥抱他们的神人，有的学者认为这是太一神强行将他们二人结合，因为他们原先可能是兄妹。这样的传说，在当今的瑶族地区仍然

---

①南阳汉画馆. 南阳汉代画像石墓［M］. 郑州：河南美术出版社，1998：136.

流传①。

南阳麒麟岗汉墓出土的伏羲女娲神怪画像石，长 257 厘米，宽 98 厘米，现藏于南阳汉画馆②。此画像由 6 块石头组成。画中刻一神怪，全身赤裸，圆眼，大嘴，长喙，右手执条状物，右肘挽住女娲蛇尾。伏羲蛇尾蜷于神怪左腿后侧。神怪伸出左手，做弓步状。画像左部，女娲人身蛇躯，身长长毛羽，双手上举。女娲之下有一物，似蟾蜍，有长尾。画像右部，伏羲人身蛇躯，身生毛羽，左手持物，面向神怪。伏羲身后有玄蛇，蛇背向下，尾朝上，口中吐物。画面中装饰有云气。（图 2–88、图 2–89）

图 2–88　伏羲女娲神怪画像石（南阳汉画馆提供图片）

图 2–89　伏羲女娲神怪画像石拓片

①吴曾德. 汉代画像石［M］. 北京：文物出版社，1984：21，132.
②凌皆兵，王清建，牛天伟. 中国南阳汉画像石大全（第一卷）［M］. 郑州：大象出版社，2015：73.

伏羲、女娲形象是汉画中保留最多的形象之一，他们是中国古代民俗中祖先崇拜观念的物证，作为中国文化塑造的人文初祖和保护神，伏羲、女娲神话至今仍活跃在黄河流域人民的生活中①。众多汉画像石中的伏羲、女娲形象也让人沉浸在浓重的宗教氛围当中。

女娲是我国古代传说中的女帝，有的传说认为她是伏羲的皇后或者是伏羲的妹妹。《淮南子·览冥训》载："于是女娲炼五色石以补苍天，断鳌足以立四极，杀黑龙以济冀州，积芦灰以止淫水。苍天补，四极正，淫水涸，冀州平，狡虫死，颛民生；背方州，抱员天；和春阳夏，杀秋约冬，枕方寝绳。……乘雷车，服驾应龙，骖青虬，援绝瑞，席萝图，黄云络，前白螭，后奔蛇，浮游逍遥，道鬼神，登九天，朝帝于灵门，宓穆休于太祖之下。"②形体是"伏羲鳞身，女娲蛇躯。"伏羲、女娲是一对对偶神，在艺术表现上有两种表现手法，即伏羲、女娲分别刻画在两块对应方位的画像石上，或者刻画于同一块画面内的相对位置上。伏羲、女娲相向而立，下部蛇尾相交，有的一次相交，有的多次相交，呈现缠绕状，表现了两者的亲密关系。一般伏羲执规，女娲执矩，也有相反者，但是表现的内容相同，都是表现以规矩治天下之意。

洛阳卜千秋墓中发现的女娲形象是高髻垂鬓，但南阳汉画像石中的女娲，则是垂鬓而带尖形高帽。通常女娲也是身穿襦衣的，因为胸腹以下是蛇躯，所以没有穿裙子。

鲁迅先生说过："秦汉以来，神仙之说盛行……其最为世间所知，常引为故实者，有昆仑西王母。"③能使人长生不老的西王母在汉代成为最受崇拜的对象，她的形象是逐渐完善起来的，并且与历史有着密不可分的关系。东汉时，人们一般将西王母和东王公放在同一画面，顺应了汉代人的思想潮流④。

---

①马东. 汉画像中的伏羲、女娲 [J]. 美术观察，2008（7）.

②陈广忠译注. 淮南子（上）[M]. 北京：中华书局，2012：323，324.

③鲁迅. 中国小说史略 [M]. 北京：人民文学出版社，1973：9.

④吴曾德. 汉代画像石 [M]. 北京：文物出版社，1984：111 – 112.

神仙思想的盛行，从根本上是对生命的珍惜，人们渴望延长生命的期望。汉代继战国、秦代以后，进一步完善神仙思想的大融合。这种融合主要汇集了东方蓬莱神仙的思想和西方昆仑神仙的思想，从而产生更加趋于完整的神仙思想。在政治经济大统一的背景下，这种新的神仙思想的首要特点就是大统一，就是主神西王母形象的确立。在资料记载和汉代的出土文物中，标准的西王母形象是在龙虎坐骑之上。汉代的观念中，青龙是东方之神，白虎是西方之神。这种龙虎坐骑可以体现出来东、西神仙思想的一个统一的象征性含义。汉代流行一吉祥语"青龙白虎避不详，朱雀玄武顺阴阳"。因此，龙虎坐又可以理解为逢凶化吉、协调阴阳的象征。西王母有长生不死丹药，适量服用者长生不老，过量者则服药升天。坐在龙虎坐骑之上的西王母，是对各种神仙思想的总结和统一，就是人们心目中的长生、留恋人间的观念。西汉中期以后，对西王母形象的崇拜越来越兴盛，从侧面也反映出当时人们求仙希望长生不老的强烈愿望。

东王公的形象，最早可追溯到战国时期，当时楚地信仰"东皇太一"神，又称"东君"，即为神化了的太阳神，为东王公之前身。西汉后期西王母地位提高，按照阴阳和合的原则，人们将"东君"演变为东王公形象①。《神异经》记载："昆仑上有大鸟，名曰稀有。张左翼复东王公，张右翼复西王母，背上小处无羽一万九千里，西王母岁登翼上会东王公。"《集说诠真》载曰："东王公为男仙之主，西王母为女仙之宗。……长生飞化之士，升天之初，先觐西王母，后谒东王公。"西王母和东王公在汉代道教中已成为神仙之首。

南阳宛城区熊营出土的西王母、东王公画像石，现藏于南阳汉画馆。中有一高大豆形台，以象征"悬圃"。西王母、东王公戴冠着袍跽坐于台上。上部一乘鹿仙人，次为三青鸟。下部刻一玉兔，羽翅长大，持杵捣药。（图 2 - 90、图 2 - 91）

---

①宋艳萍. 汉代画像与汉代社会 ［M］. 福州：福建人民出版社，2016：94.

图 2-90　西王母、东王公画像石

（南阳汉画馆提供图片）

图 2-91 西王母、东王公画像石拓片

南阳地区的汉代画像石中，与龙有关的画像石不在少数。龙是四神之一，不过汉代时期的龙在体型上较后期略短一些，这也是汉代龙形象的特点之一。龙的形象于新石器时代出现，在早期人们的观念中，龙可以在大旱时降雨缓解旱情，骑着它又可以升天做神仙，所以逐渐成了祥瑞之物。观察汉画像石中龙的形象可发现，大多刻画比较简单，除了头上有标志性的角，下颌有龙须，上下唇略微反卷之外，同一般的神兽并无太大差别，而汉代以后的龙则开始有了巨大的变化。汉代的龙因为没有受到皇权的限制，所以在汉画像石中还是可以大量看到的。龙，能明能暗，能上能下，春分而登天，秋分而潜渊，它是天下大治，明君出世的征兆。

现藏于南阳汉画馆的羽人戏龙、异兽画像石，长 300 厘米，宽 49 厘米，厚 44 厘米。画中刻一羽人执仙草戏龙，另有三只有翼神兽飞奔于云气之中。（图 2-92）

图2-92　羽人戏龙、异兽画像石

南阳市赵寨汉墓出土的神人骑虎射怪兽画像石，现藏于南阳汉画馆。它采用了阴线刻的方法。阴线刻的汉画像石非常特别，只要打磨光滑的平面向下凹陷，就能达到平面的阴线刻。慢慢地发展以后剔除了底部的废料，形成了浅浮雕的刻法。最后还在底部加上了一些装饰性的图画，比如竖形的汉画像石一般加上横纹或者斜纹，名曰剔地，而横形的汉画像石一般加上的是竖形的纹理。

南阳七一乡王庄汉墓出土的河伯出行画像石，长170厘米，宽50厘米，现藏于河南博物院。石呈长方形。画中四条大鱼拽拉一车，车上有一华盖，御者双手挽缰，河伯端坐于车中。车前二神人拥盾举刀开道，车后二神人荷戟骑鱼随从，车左右各有一游鱼护卫。（图2-93）

图2-93　河伯出行画像石

关于河伯的传说，战国时期已有《庄子》一书载："秋水时至，百川灌河，泾流之大，两涘渚崖之间，不辩牛马。于是焉河伯欣然自喜，以天下之美为尽在己。"关于河伯的来历，《淮南子·齐俗训》载："冯夷得道，以潜大川。"《博物志》卷七云："昔夏禹观河，见长人鱼身出曰：'吾河精，岂河伯也？冯夷，华阴潼乡人，得仙道，化为河伯，岂道同哉。"《清冷传》又云："冯夷，华阴度乡堤首里人也，服八石得水仙，是为河伯。"这些记载中河伯原名冯夷，修炼得道而成河伯。传说中的河伯形象，《山海经·海内北经》载："从极之渊，深三百仞，维冰夷恒都焉。冰夷人面，乘两龙。一曰忠极之渊。"《太平御览》卷82引《尚书中侯》："禹理洪水，观于河，见白面长人鱼身出曰：'吾河精也'。授禹《河图》而还于渊。"此条与《尸子》辑本卷下所记相同。可见河伯是一个人面鱼身的形象。

河伯出行时场面壮观，《九歌·河伯》云："与女游兮九河，冲风起兮横波。乘水车兮荷盖，驾两龙兮骖螭。……乘白鼋兮逐文鱼，与女游兮河之渚，流撕纷兮将来下……"河伯乘着两龙驾驶的水车或云车，前后有鱼类随从。在此画像石中，河伯出行驾鱼车应是汉人的改造，河伯是掌管水流之神，所以乘坐鱼车亦在情理之中。

现藏于河南博物院的后羿射十日画像石，长138厘米，宽32厘米。画像石呈长方形。画中刻一扶桑树，上栖二只鸟，二只鸟当为阳乌，树下有一人，弯腰仰面拉弓，欲射二鸟，此人当是后羿。此画像石内容生动，再现了后羿射日的神话传说，雕刻技法采用剔地浅浮雕加线刻，使画面更为生动形象。（图2-94）

目前史料中记载最早、最完整的后羿射日故事是在《淮南子》中："逮至尧之时，十日并出，焦禾稼，杀草木，而民无所食；猰貐、凿齿、九婴、大风、封豨、修蛇，皆为民害。尧乃使羿诛凿齿于畴华

图2-94 羿射十日画像石

之野，杀九婴于凶水之上，缴大风于青邱之泽，上射十日而下杀猰貐，断修蛇于洞庭，擒封豨于桑林。万民皆喜，置尧以为天子。"①尧统治时期，天空有十个太阳一同升起，庄稼颗粒无收，民无所食，尧派善射的后羿射掉九个太阳，为民除害。

关于扶桑树，《山海经·海外东经》载："下有汤谷。汤谷上有扶桑，十

---

①陈广忠译注. 淮南子［M］. 北京：中华书局，2012：393.

日所浴，在黑齿北。居水中，有大木，九日居下枝，一日居上枝。"郭璞注："扶桑，木也。《山海经》注引《十洲记》云：'叶似桑树，长数千丈，大二十围，两两同根生，更相依倚，是以名之扶桑。'"① 扶桑树是由两棵相互扶持的大桑树组成。传说在东方的大海上，是神界的象征，它也是连通人间、冥界的大门。日出于扶桑之下，扶桑也是太阳的象征，象征着光明。因此，汉画像上的图像有的以较为简单的形象出现，这些图像都具有某些象征意义，他们又与长生世界这个虚拟的象征与期盼相结合，产生了具有特殊象征性的图像。

南阳七里园乡王庄窑汉画像石墓出土的嫦羲捧月画像石，长 162 厘米，宽 64 厘米，厚 16 厘米，现藏于河南博物院。石呈长方形。画中刻传说中的嫦羲，人首兽爪蛇躯，双手执一月轮，月轮中刻有蟾蜍，右臂处刻三连星，近尾处刻二连星。（图 2 - 95）

图 2 - 95　嫦羲捧月画像石

在众多神话类的汉画像石中，最具有浓墨重彩一笔的当属"嫦娥奔月"，出土于南阳的嫦娥奔月画像石，画面中占主要位置的是一轮圆月，位于画面左侧，嫦娥造型轻盈飘逸，和圆月同处一个视角当中，位于画面中部靠右的地方。（图 2 - 96）嫦娥一般为人首蛇躯，有双爪，后拖曲尾，作翩然飞翔之状②。嫦娥奔月图在汉画像石墓中常常被放置在墓顶，也经常和升仙图等在一起，在不同的年代、地区和不同的墓中出现了形象相似、位置相同的内容，说明它不仅是装饰的作用，而且有着更加直接和现实性的目的，还带有一种功利色彩的宗教性。汉代人"谓死如生"的强大心理需求和死后渴望自由快乐的精神力量，驱使着他们在墓室中构建出另外一个安逸享乐的新世界。传说嫦娥吞食了长生不老的仙

①袁珂校注. 山海经校注 [M]. 上海：上海古籍出版社，1980：260.

②赵红. 汉画像石"嫦娥奔月"图的造型艺术与宗教品质 [J]. 中国文化研究，2010（4）：143.

药从而得以飞升成仙，入住月宫，这些在一定意义上也符合汉代人追求长生不老的思想，表达了人们渴望生命能够长久，灵魂能够永恒。

图 2-96　嫦娥奔月画像石

（五）历史故事

孔子创立的儒家学派，产生于春秋战国社会混乱、礼崩乐坏的时代。秦始皇依靠法家思想统一全国，用严刑峻法统治人民，举国上下生活在水深火热中。秦始皇残暴实施"焚书坑儒"，对儒学的发展形成沉重打击。秦朝灭亡，汉朝重新统一，儒学的发展迎来新的契机。

西汉初年至文景时期，汉初统治者吸取秦二世亡国的惨痛教训，信奉黄老思想，实行无为而治、与民休息的政策。经过几十年的休养生息，汉武帝时社会经济得到极大恢复和发展，国力逐渐强盛，中央集权的政治体制建立起来。

政治上的大一统要求思想上的统一，汉初相对宽松的环境使得诸子百家继续发展。汉武帝曾策问当时的大儒董仲舒曰："今子大夫待诏百有余人，或道世务而未济，稽诸上古之不同，考之于今而难行，毋乃牵于文系而不得聘与？将所繇异术，所闻殊方与？"① 从此策问可以看出，当时诸子百家对历史的看法和政治主张各不相同，这种情况不适应中央集权主义的发展需要。于是，作为汉代儒家学说代表人物的董仲舒附会《春秋》经义，吸收道家、

①班固. 汉书（卷56）［M］. 北京：中华书局，1962：2507.

89

法家等有利于君王统治的成分，提出"罢黜百家，独尊儒术"的主张，以期统一天下民众的思想观念。

汉武帝听从这一主张，罢黜百家、独尊儒术、兴立太学，置五经博士，并以通经作为选拔官吏的标准。儒学由此得以全面复兴，由过去的民间学说一跃成为官方之学，在社会意识形态中占有统治地位。"儒家经学成了统治阶级的官方哲学和政治工具，并开始渗透到政治、法律、文化以及社会生活的各个方面。不过这时的儒学与以前相比已大不相同，它在先秦学家思想的基础上，在更高程度上吸收融合了法家、道家、阴阳家和各种不同学派的思想，更能适应统治集团的实际需要，更具有时代色彩和现实意义。"①

儒家思想的核心思想是"仁"，其具体内涵有：忠、孝、节、义。儒家思想跃居意识形态统治地位后，汉代社会的方方面面都被深深地打上了烙印。汉代画像石作为时代和社会发展的产物，不可避免地受到儒家思想的影响；从汉代画像砖描绘的历史故事亦可窥探汉代儒学的地位和发展。

在南阳汉画像石所反映的众多内容中，大多数都是宣传儒家"忠、义、仁、孝"的道德观念，大量出现的历史故事题材汉画像石就是很好的佐证。鸿门宴画像石，现藏于南阳汉画馆。画像石刻画的是"项庄舞剑，意在沛公"，宣扬刘邦"君权神授"的封建思想，图中的人物依次是项羽、刘邦、项庄、范增以及梁世伟。（图 2-97）

图 2-97　鸿门宴画像石

原存南阳汉画馆，现藏于河南博物院的二桃杀三士画像石，长 110 厘

---

①张涛. 经学与汉代社会［M］. 石家庄：河北人民出版社，2001：60.

米，宽41.5厘米。（图2-98）二桃杀三士画像石讲述的内容是春秋时期的齐国三个勇士，公孙接、田开疆、古冶子，他们能文能武，为齐国立下汗马功劳，但他们不守礼义，看不起文人出身的晏婴。晏婴向齐景公建议："勇士不守礼义，将来要成为国家的祸患。"他建议齐景公赏赐三人二桃，让其论功食桃。最后分配不均匀，一人没有得到桃子，他认为不食无勇，拔剑自刎，得到桃子的两个人认为自己食桃不义，也先后拔剑自刎，故事反映了"士为知己者死"的道德情操，这些具有封建文明教化意义的历史故事，对于推行礼教，稳定汉代社会都有积极的作用。

图2-98 二桃杀三士画像石

画像石中有三个人，高足豆右侧站立着的武士（公孙接）伸出手傲慢地取到了盘中一桃，十分镇定与自我，反映出自负的性格特征。高足豆左侧的武士（田开疆）亦不甘示弱，他右手握剑，正伸手抓盘中另一桃，唯恐自己落后。离豆稍远的武士（古冶子）马步横扎，脚似弹簧，蓄势待发，却发现已落于人后，无望的他不仅怒火中烧，左手紧握剑刃已不觉疼痛，胀大的脑袋把他冲动的心态表现得淋漓尽致，几个人私欲膨胀和极度愤怒的状态通过夸张的肢体语言跃然石上，不禁让人拍案叫绝。南阳画像石显著的特点之一是点、线、面的流畅组合。工匠们由于受到作画工具和材料的局限，不可能将对象的所有细节刻画得栩栩如生，但是他们往往能把握对象最为传神的一面，再以高度概括的手法对其进行形象化的雕琢，使形与神有机融合为一体。

第二节　豫中地区汉画像石

一、豫中地区汉画像石的特点

豫中地区汉画像石的分布范围，包括郑州市所辖的新密、新郑、登封，巩义和中牟；许昌市、禹州市、鄢陵县；还有周口地区的扶沟县、西华县；以及洛阳市郊、偃师和孟州一带，其南界与豫南汉画像石区相连①。

许昌曾是三国时期曹魏的国都，经济文化一度繁荣，但因为长期战乱，汉代画像石艺术由此进入了衰落期，题材形制均较为简单，许昌汉画像石在地域上属于南阳汉画像石分布区域的延伸，带有楚文化所代表的中国纯粹艺术精神特征，许昌汉画像石较其他汉代晚期地区汉画像水平要高，体现出一个政治角力时代的特殊风格特征②。

许昌出土的汉画像石，大多属于东汉晚期。许昌汉画像石的分布很不均衡，主要出土于许昌县、长葛市、禹州、襄城等地。这里虽多三国时期汉魏墓室，但因为属于汉画像石的衰落期，丧葬相对来说从简了许多，大多数墓室构造为小砖砌筑，仅门扉、门楣仍用画像石；手法均为平面浅浮雕；题材较为简单，多为铺首衔环、门吏、龙、虎、常青树以及马、羊等形象。

二、豫中地区汉画像石的内容

（一）许昌地区汉画像石

许昌汉画像石的题材极具特色，其内容大致可以分为五类：

1. 祥瑞辟邪

这类题材几乎占据了许昌汉画像石的绝大部分，四神、仙鹿、熊等形象

---

①孙广清. 河南汉代画像石的分布与区域类型［J］. 华夏考古，1991（3）：106.

②李向平. 略论许昌的汉画像石艺术［J］. 美术学刊，2009（10）：77.

在这类题材中大量出现。

四神在中国古代的天文学中，其实是用作观星和区分星宿分野用的，人们以北极星的北斗星座为中心，把四方星野中的亮星用无形的虚线链接起来，就想象出了"青龙、白虎、朱雀、玄武"四种意象，统称"四象"，即"四神"，是保护天地秩序和谐的星神，用在地上建筑，为的是对应星象，除分别表示东西南北四个方位外，还有避凶驱邪之庇护作用。

出土于许昌县张潘汉魏许都故城的四神柱础[①]，现藏于河南博物院。（图2-99）柱础平面近方形，边长62.5~63.5厘米，高15.5厘米，青石质。柱础表面以"剔地起突"雕刻手法高浮雕古代四方定位之神，即东部方位之神青龙、西部方位之神白虎、南部方位之神朱雀、北部方位之神玄武等

图2-99　四神柱础

四神形象。青龙北行而回首，与南部方位之神朱雀相戏一鱼；白虎踞地，虎头北回，口衔缠绕在北部方位之神龟身之上的蛇尾；朱雀挺胸振翅，回首张口与东部方位之神青龙追戏一鱼；玄武伸首东行，龟背之上一蛇盘绕。四神之中，为一直径28厘米的柱櫍，去除周边出露部分尺寸，可以知道其上柱子的直径约为当时的1.2尺，根据汉代柱径与柱高、柱高与其上建筑构成部分的比例规律，推测该柱础所在区域的建筑应属于中等体量。

四神柱础画面的雕刻手法与南阳汉画像石的雕刻手法类似，即将图案周边减地后再研斧，使得画面犹如充满动感的速写，其文化寓意应为祈求长寿与平安，类似以四神围护中心人物的构图亦见于汉代石刻中，但借柱础之圆形设计出吉祥图案的艺术手法的确罕见。

现藏于许昌博物馆的应龙、白虎纹铺首衔环门扉，长方形，平底高浮

---

①黄留春. 许昌古城出土"四神"柱础 [J]. 中原文物，1986（4）：19.

雕。两门扉下部皆刻有铺首衔环①。（图2-100）左门扉上部刻一咆哮扬尾的白虎，长178厘米，宽78厘米，厚15厘米；右门扉上刻一昂首翘尾的应龙，长173厘米，宽82厘米，厚16厘米。虎是一种辟邪神兽，主治西方。《风俗通义》云："虎者，阳物，百兽之长也，熊执搏挫锐，噬食鬼魅……"②青龙、白虎画像多雕刻在门楣之上，"左龙右虎辟不羊（祥）。"龙虎相伴，更显其神力无穷。汉代人赋予了龙虎抵御四方邪魔、保佑四方平安的象征意义。龙作为中华民族的图腾，象征中华民族，是一种虚拟的综合性神灵，它变幻莫测，气象万千，可腾云驾雾，遁地入海，无坚不摧，所向披靡，是神灵和权威的象征，是中国最大的吉祥物。十二主神之一，主治东方。汉代人认为它可以驱鬼辟邪，镇墓安魂，引导护送墓主人的灵魂顺利到达天国。虽然题材简单，却能满足人们辟邪的心理需求；铺首衔环发展到明清时期，形状已基本定型，但辟邪的内涵却已减弱，增强了装饰性与实用性；然而，尽管如此，这些贵族墓葬还是较为豪华的。

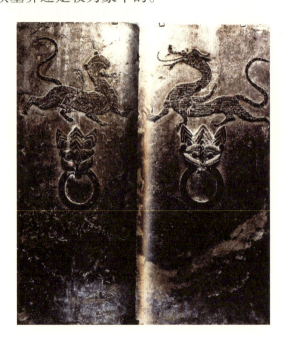

图2-100　应龙、白虎纹铺首衔环门扉

---

①许昌博物馆. 许之昌：许昌历史文化陈列［M］. 郑州：中州古籍出版社，2017：146，147.
②应劭撰，王利器校注. 风俗通校注［M］. 北京：中华书局，2010：368.

汉代贵族和富人住宅的大门通常设有门环和衔环的铺首。现藏于许昌博物馆的铺首衔环门扉，长175厘米，宽71厘米，厚12厘米。（图2-101）铺首的形象主要是来源于我国商周青铜器上丑恶、狞厉、怪异的饕餮纹，为古代传说中贪吃的猛兽。以其头部形状做装饰雕刻于墓门之上，既能震慑鬼怪，以示威严，又可以保护阴宅，增强安全性，成为汉代墓门上常见的基本装饰形式，也是许昌汉画像石中表现最多的内容。

现藏于许昌博物馆的朱雀铺首衔环门扉，呈长方形，雕刻一拥慧门吏，戴冠侧身面朝该门楣呈长方形，斜线衬地，上朱雀，下铺首衔环，边饰帷幔、菱形和斜线纹。（图2-102）朱雀也称朱鸟、玄鸟等，通常也是人们认为的凤凰。据说凤凰"鸡头、蛇颈、燕颔、龟背、鱼尾，五彩色，高七尺许。"凤凰的原型很可能是孔雀。有学者考证，凤凰是上祖人的图腾，凤凰的形成很可能与龙一样，由图腾崇拜而来。在古人的眼里，鸟是太阳的化身，汉画像石中的太阳往往以鸟的形式出现在其中。

图2-101　铺首衔环门扉　　　　　图2-102　朱雀铺首衔环画像石门扉

现藏于许昌博物馆的龙虎鹿麒麟门楣画像石（图2-103），该门楣呈长条形，常青树下有一牛。左有麒麟，其后跟随一虎；右为鹿，尾随一龙，龙前腿抬起，似与鹿相戏。

图 2-103　龙虎鹿麒麟画像石

现藏于许昌博物馆的龙虎戏鱼图门楣，残长 176 厘米，宽 37 厘米，厚 24.5 厘米。呈长条形，两端为素面，中间竖线衬地，左为龙，右为虎，做奔走状，戏一鱼，画像为浅浮雕。（图 2-104）此画像石所呈现出的是夫妇结合、子孙昌盛的寓意；龙虎相交，是汉代"阴阳合一"思想的物化形式，具有阴阳相交之意，中间刻一鱼，取谐音年年有余，鱼产子较多，象征子孙后代繁衍不息，也象征墓主人"在天愿做比翼鸟，在地愿为连理枝"的美好期望。生与再生不仅是中国古代贤哲和帝王，也是老百姓思考的重大问题。他们相信，死既是生的极致，又是再生之始，躯体虽灭，灵魂不泯。这种祈求灵佑的意念，形象地表现于墓室之上，也是我国古代生殖崇拜观念在汉代画像石的主要表现形式。

图 2-104　龙虎戏鱼画像石

现藏于许昌博物馆的凤鹿纹门楣，长 227 厘米，宽 54 厘米，厚 18 厘米。呈长条形，画面在中部，斜线衬地，上方、左右都装饰有帷幔和常青树，下方有一凤、一鹿。（图 2-105）

图 2 - 105　　凤鹿纹画像石门楣

　　现藏于许昌博物馆的龙虎纹立柱，左侧柱高 143 厘米，宽 49 厘米，厚 36 厘米；右侧柱高 142 厘米，宽 50 厘米，厚 36 厘米。该立柱呈长条形，采用减地平雕手法雕刻出画像，左侧立柱正面雕刻一龙，右边缘装饰半圆形帷幔，执戟门吏；右侧立柱正面雕刻一虎，坐下边缘装饰半圆形帷幔，左侧刻一胡人。其他各面均为素面。（图 2 - 106）

　　许昌禹州出土的白虎、朱雀、铺首衔环门扉，高 119 厘米，宽 58 厘米，现藏于河南博物院。为一对保存较为完整的汉画像石门扉。左右两侧均刻有朱雀、白虎和铺首衔环，为左右对称式，在雕刻技法上属于平面线刻。（图 2 - 107）

图 2 - 106　　龙虎纹立柱

图 2 - 107　　白虎、朱雀、铺首衔环画像石

2. 现实生活

虽然在数量上不及祥瑞辟邪类那么多，但也有一席之地，尤其是这类题材反映的是当时鲜活的社会生活，所以对后人研究汉代的许昌历史有非常重要的意义。狩猎图、门吏、宴饮图、车马出行图等在这类题材中比较常见。

现藏于许昌博物馆的宴饮图门楣，残长 193 厘米，宽 44.5 厘米，厚 24 厘米。呈长方形，雕刻一拥彗门吏，戴冠，侧身面朝外，该门楣用斜纹衬地浅浮雕手法雕刻出各种画像，可以分为左、中、右三部分：中间是阙楼，有两女束高髻扶栏而立，两侧楼梯各有一仕女持物上楼，阙楼左为行走的辎车，有华盖，车坐两人，一御者，一乘者，御者一手挽绳，阁楼右为一人牵马，左部为一兽。（图 2 - 108）

图 2 - 108　宴饮画像石

现藏于许昌博物馆的卧鹿画像石门额，呈半圆形，平面剔地浅浮雕，用阴线刻画出鹿的轮廓，呈卧姿，圆眼，尖耳，角多回两叉分歧，左腿跪地，右腿前伸。（图 2 - 109）上边缘装饰一周半圆形帷幔。鹿在神话传说中是伴随着神仙长寿的灵物。《瑞应图》曰："天鹿，能寿之兽，五色光辉。"《述异记》云："鹿百年化为白鹿，五百年化为玄鹿，千年化为苍鹿。"鹿是汉代先民所信仰的灵物，以求长生不死。

图 2 - 109　卧鹿画像石

现藏于许昌博物馆的狩猎图门楣，长262厘米，宽46厘米，厚24厘米。为长条形青石材质，用斜纹衬地浅浮雕的手法雕刻出各种画像，可分为左、中、右三部分，上部装饰有帷幔；中部为狩猎图，右起一人手执一毕做捕兽状，面前有一猎犬捕捉一兔，中有一棵常青树，右有两猎犬围猎一兔；左边刻日轮，内有金乌；右有一月轮，中刻玉兔、蟾蜍等。（图2－110）

图2－110　狩猎画像石

现藏于许昌博物馆的胡人画像门扉，呈长方形，正面有一胡人持一物，细节的刻画非常到位，衣服上的细部和手中持有的物品采用阴线刻，背面中部有一铺首衔环，高浮雕，上下均为朱雀。（图2－111）

图2－111　胡人画像石

3. 神话传说

数量极少，内容主要有虎食女魃和玉兔捣药，此类画像石所表现出的内容都和汉代人祈求长生不老的思想有关。

4. 天象神话

远远不及豫南地区数量多，但从目前发现的三足乌和蟾蜍来看，日月阴阳的思想在当时还是很盛行的。

5. 装饰花纹

在大多数的许昌汉画像石中都能看到纹饰，主要起到装饰作用，也可以将画面填充得更加完整。

许昌汉画像石的艺术风格既和周边地区有重合之处，也有自己独特的一面，如在雕刻技法方面，主要采用了线刻、浅浮雕（凿纹地浅浮雕和剔地浅浮雕）和高浮雕；构图上对称感较强，物象的主体部分比较突出，一个石头上通常只有一幅画面，整体感觉比较严谨，同时周围带有纹饰，显得主次分明；在表现手法上，许昌汉画像石采用了写实手法，对生活中的事物加以艺术提炼，使其来源于生活但高于生活，所以看起来既具有生命力又具有艺术感，这些都对研究许昌历史、认识许昌汉画像石的整体面貌有重要意义。

这一时期的许昌画像石均为平面浅浮雕，有明显的地方特点，题材多为建筑物、官吏、车骑出行以及祥禽瑞兽等，无论其美学风貌，还是题材内容，均与历史背景相符合，尤其是对于研究三国文化具有一定的实证性，这是许昌汉画石最可贵之处[①]。

（二）新密市汉画像石

豫中地区密县（新密市）打虎亭汉墓，东西两墓并列，一座为画像石墓，一座为壁画墓，距今已有 1800 多年。西墓较为庞大，用砖石筑成，分七室。墓内画像和石刻丰富，雕刻风格独特。新密打虎亭 1 号墓分别由墓门、前室、中室、后室（主室）、南耳室、北耳室、东耳室与各室雨道等部分组成，共保存画像石 60 块。墓室内的券顶石、墙壁砌石、门扉表面打磨光滑后雕刻各种画像，是我国目前发现的汉画像石墓中画像面积最大的一座墓。而在打虎亭 2 号墓中，壁画和画像石刻同时存在，35 块画像石熠熠生辉，堪称是绘画与雕刻相结合的产物。

密县打虎亭 1 号墓、2 号墓，在年代上属于东汉晚期，而根据墓室形制等分析，属于夫妻异穴合葬墓。东汉晚期，墓室构造大多为多室砖石混结构，而新密位于豫中地区的中部，它所呈现出的汉画像石内容丰富多样、复杂独特；墓室中的汉画像石的艺术风格并未统一，显然是受到了周边其他画像石分区的影响。如门扉部分，上刻铺首衔环，周边饰有精美的云气纹图案，各种羽人和神兽交相呼应，并采用高浮雕的雕刻手法将之完成，这些都和山西地区的汉画像石有相像之处。墓室中所有的画像石雕刻技法，少量使

---

①黄留春. 许昌汉砖石画像［M］. 郑州：河南美术出版社，1994：70.

用高浮雕和浅浮雕表现，更多采用了减地阴线的技法进行创作，线条纤细，将小画面组成大的画幅，这些也和山东的沂南汉墓雕刻技法接近。所以也从侧面证明着新密汉画像石受到了其他地区影响。

值得注意的是，祥瑞升仙内容在打虎亭汉墓中的位置有所改变，它们出现在券顶部分以及石门上，不属于仙人类的则出现在了壁面上。早期画像石里常见的西王母形象被安置在后室石门东扇上部的一个角上，与东王公相对，周围围绕着虎、鹿、鸟、熊等异兽，对于把西王母安排在门上的做法，美国学者简·詹姆斯（Jaen. M. James）解释为西王母的功能发生了改变，由仙界的主神成为墓室的守护者，早期画像中西王母对于死者升仙所起的关键作用由非常具体的图解表现，而在这里却变成了由几种形象因素（西王母、捣药玉兔、东王公等）组成的象征符号，其位置也从高高在上的主壁山墙退到次要的角落[1]。墓顶藻井刻有莲花、云气和菱形图案，甬道和前室壁上有属吏拜谒、迎客送宾，南耳室是车马牛羊和收租图，东耳室是庖厨图，北耳室刻宴饮、家居图。2 号墓门额、门扉和墓顶雕刻的内容与 1 号墓基本相同。

密县打虎亭 1 号汉墓南耳室南壁刻有一幅收租图[2]，长 180 厘米，宽 82 厘米，原地保存。画面西侧刻一座高大的仓楼，仓楼外侧设有楼梯，仓楼后面有一棵大树。楼前刻有一牵马人，马上骑着一儿童。画面中部的上方，是收租的地主，身穿长衣，盘坐于方席上。席前铺放着砚台等物品。地主前面有二人，头戴平冠，身着长衣，一人做跪状，双手捧物；后一人站立，左手上举。地主身后有一位侍者，双手前伸，似做接物状。画面中部席侧地上，堆放着三堆谷物。画面下部刻一小方席，席上置量斗，量斗上方放有装好的粮食一袋。量斗下方有二人和一辆运粮车，车的前方刻一圆形物，似为粮袋。车旁立一人，其中前一人伸手做持袋装粮状，另一人伸双手做接袋状。这幅画像真实地再现了汉代地主向农民收租的实景。（图 2-112）

①张楠. 密县打虎亭汉墓图像含义初步研究 [J]. 美术观察，2005（10）：91.

②河南省文物研究所. 密县打虎亭汉墓 [M]. 北京：文物出版社，1993：105；周到，王景荃. 中原文化大典·画像石 [M]. 郑州：中州古籍出版社，2008：395.

图 2 - 112　密县打虎亭 1 号墓收租图

　　密县打虎亭 2 号墓的墓道中有一块戏车画像石残块①，三块残石拼在一起残长 120 厘米，宽 50 厘米，厚 18 厘米，原地保存。（图 2 - 113）石头的磨光面上雕刻有四马驾一辆戏车，戏车上有一位驭手，两位乐工，五位艺人。石面采用减地浮雕加粗细线条混合雕刻而成。戏车四面有低边箱，箱四周刻有细线云纹，箱上加有一层栏杆。栏杆四角各竖有一根高柱。车舆中部，用两根竖木杆和两根横木杆构成一个木架，木架顶部的横木上，两位艺人在做倒立表演，木架中部的横木上，也有一位艺人在做软体表演，在两根横木之间、两根竖杆外侧，又各有一根向外伸出的短横木，在这两根外伸的短横木上，又有二位艺人在做倒挂动作。表演的这五位艺人，均头裹布巾，身穿贴身衣，腰间束带。表演动作优美而惊险。表演者的前方，站着一个头戴高冠，身穿右衽长衣的乐工，面向表演者，左手高举一长柄摇鼓，仰面而上，似在指挥木架上的杂技表演者。另一乐工蹲于一旁，画面已残损。该戏

图 2 - 113　密县打虎亭戏车画像石拓片

---

①河南省文物研究所. 密县打虎亭汉墓 [M]. 北京：文物出版社，1993：314.

车正由四匹肥壮的大马驾驶,飞驰前进,一名驭手坐于舆前的低板上,头戴高冠,身穿右衽长衣,左手紧握四马的缰绳,右手高举一长棍,正聚精会神地驾驭戏车。这种在疾驰中表演杂技者,更显出艺人的高超技艺。

戏车四周,均饰有云纹,表现戏车疾驰在云间。云气上方,还雕刻四个人在云间和戏车向同一方向疾行。他们都头戴高冠,身穿右衽短衣,套束腿裤。

此幅戏车画像整个布局十分匀称,比例协调,内容丰富,雕刻精细,是一幅具有很高艺术价值的画像。

密县打虎亭1号画像石墓中有一幅庖厨图①,高312厘米,宽216厘米,原地保存。图中有10人在忙碌,有人在煮肉,有人在做豆腐,左上方有两个横杆,挂满各种肉;地上放有牛头、牛腿各一。肉架右侧刻一蹄足大鼎,鼎腹装饰有铺首衔环。鼎下烈火熊熊,鼎内烹煮肉食。图左下方刻有煮肉大釜,釜下为三足炉。整个画面的劳作显然是为宴饮做准备。(图2-114、图2-115)

图2-114 庖厨画像石拓片

图2-115 庖厨画像石摹本

1963年7月29日,一个当地农民在新密后士郭村发现两座多室汉代砖

---

①安金槐,王与刚.密县打虎亭汉代画像石墓和壁画墓[J].文物,1972(10):53;河南省文物研究所.密县打虎亭汉墓[M].北京:文物出版社,1993:137.

石混构墓，墓室结构复杂，出土大量随葬器皿。在 M1 号墓发现 22 块经过打磨雕刻的画像石和绘制壁画。其中 17 块画像石主要是墓门、门柱、门额及栌斗上的构件。刻制手法有两种：一种为浮雕；另一种是减地阴刻（将石料打磨平光后，用针尖勾划出轮廓）。采用浮雕刻法的较少，仅见于墓门门额上的门楣石和门扉铺首衔环。题材以云气纹为主题，部分云气之间刻以珍禽异兽和神话故事图像。墓门上放门楣石，浮雕一卧鹿。鹿头伏地，眼俯视，嘴微张，角修长，右前肢前伸，左前肢屈于腹下，后肢卷伏，短尾微翘。此鹿安娴恬静，体态优美①。这与许昌博物馆藏卧鹿画像石相似，只是周边阴刻两层状卷云纹花边加以装饰。（图 2-116）墓门门扉除铺首衔环外，刻有朱雀、玄武、青龙、白虎四神图像。在云气纹中刻有各种人物、奇禽瑞兽，如蟠龙，狂奔的羽人，马首、鹿身，双翼高举的辟邪，仙人奏乐图等，都是以反映升仙，长生不老思想为主题的画面。M2 发现的 17 块画像石内容、题材、制作技法与 M1 完全相同。如果与打虎亭汉墓相比较，证明新密地域汉代的埋葬风俗主要继承传统的升仙不老思想。

图 2-116　卧鹿、铺首衔环画像石拓片

（三）登封地区汉画像石

登封汉三阙（太室阙、少室阙、启母阙）作为画像石艺术比较引人注目。其位于河南省登封市境内嵩山地区，年代属于东汉安帝年间，又称"中岳汉三阙"或"嵩山三阙"，它们是我国唯一现存最古老的庙阙②。阙在汉代代表的是统治阶级的尊严，是一种带有装饰性的建筑，材质以青石为主，

①周到，王景荃. 中原文化大典·画像石［M］. 郑州：中州古籍出版社，2008：429.
②汤众，路杨. 汉三阙文物保护监测体系构建研究［J］. 建筑与文化，2009（9）：63-65；吕品. 登封汉代三阙［J］. 文物，1979（8）：90.

上面雕刻有文字、图案和铭文，一般在城门、墓门、宫门、庙门前，通常为对称式的两个建筑。汉阙上雕刻的画像石内容，对研究汉代生活和思想提供了宝贵的图像资料，而汉阙上所雕刻的铭文，对于研究汉代的书法艺术提供了重要参考。登封汉三阙距今一千多年，是建筑艺术和雕刻艺术的完美融合，具有极高的历史价值。

登封汉三阙，由阙基、阙身和阙顶组成，也可以分为正阙和副阙。它们都是模仿砖木建筑形制而成，再用雕琢好的青石进行垒砌。

汉代传统的砖木结构阙，初建时常常绘有彩色图案，周围饰有四神图案。中岳汉三阙因地制宜，根据青石的特点，在阙身上雕刻出了各种图案，有反映汉代贵族奢侈生活类的图案，也有汉代普通劳动人民的狩猎场景，还有天象神话和奇珍异兽等。少室阙上表现月宫的画像石，名曰"月宫画像"，雕刻技法采用阳线刻，一轮明亮的圆月挂在空中，圆月中一只玉兔蹲坐在地上竖着耳朵，持杵捣药，玉兔旁边乃是一只蟾蜍[1]。（图2-117）《后汉书·天文志》注引张衡灵宪："羿请无死之药于西王母，姮娥窃之以奔月。姮娥遂托身于月，是为蟾蜍。"[2]

图2-117　月宫画像石拓片

---

①周到，王景荃. 中原文化大典·画像石［M］. 郑州：中州古籍出版社，2008：366.
②范晔. 后汉书（志10）［M］. 北京：中华书局，1965：3216.

少室阙和启母阙都有踢足球的画像，踢足球，古代称"蹴鞠"，《战国策·齐策》中说："临淄甚富而实，其民无不吹竽鼓瑟……蹴鞠者"，可见战国时期"蹴鞠"这种运动已经流行了，到了汉代更加普遍。

杂技和幻术多次出现在汉画像中，登封汉三阙中也不例外。马戏是汉代杂技的一个突出内容，《盐铁论》说："马戏斗虎。"《三国志·甄皇后传》注："后年八岁，外有立骑马戏者，家人皆上阁视之，后独不行。"马戏表演在当时相当受欢迎且具备一定的精彩程度。少室阙就有关于马戏的内容，一幅画面中有两匹跃起腾空的骏马，第一匹骏马的马鞍上有一名挽双丫髻的汉代少女倒立；另外一匹骏马上则有一个挥舞长袖的女子①。为了凸显骏马奔跑的速度飞快，袖子被刻画得随风摆动，人的身体也因为速度过快而自然后倾，这些都在细节上和主题相辅相成。（图2-118）

图2-118　马戏画像石拓片

启母阙是启母庙前的神道阙。启母庙始建于西汉武帝时期，后因故被汉成帝废除掉。此事在《汉书·郊祀志》中有记载，成帝罢孝武所立夏后启母石等庙及"侯神方士使者副佐、本草待诏七十余人皆归家"。东汉安帝延光二年（123年）颍川太守朱宠建造了启母阙。启母阙是用雕琢的石块垒砌而成的石阙，分东西两阙，在东阙北面的斗形石下部有两块条形石，左面条形石上雕有"马戏表演"图案，右面条形石上雕有"吐火"画面②。

其中"吐火表演"条形石高39厘米，上宽73厘米，下宽67厘米③。上

①周到，王景荃. 中原文化大典·画像石［M］. 郑州：中州古籍出版社，2008：382.

②吕品. 中岳汉三阙［M］. 北京：文物出版社，1990：23, 35.

③周到，王景荃. 中原文化大典·画像石［M］. 郑州：中州古籍出版社，2008：362.

部为素面，下部以竖线界为三格。左雕一人，圆脸大耳，戴平帻。着长衣，正襟跪坐。中格雕一戴尖顶毡帽表演者弓身向右侧前伸，仰面向上，一团火苗正从口中喷出，双手持一瓶藏于身后，做迈步奔走状。右刻两人，其一人长衣站立，面前一人跪拜长揖。（图2－119）

图2－119　吐火画像石拓片

汉三阙中表现汉代生活的内容也不少，如少室阙中的狩猎图，一只梅花鹿中箭逃跑，两名汉代人骑着两匹骏马，一人在前，一人在后，前面的人回首射箭，后面的人疾驰追赶。汉代生活中的车马出行图对于研究汉代的车舆制度有重要的意义，太室阙中就有一幅这样的画像，主人雍容典雅，身着斜襟长衣，坐在华盖下，前面是一匹骏马拉着车，驭手牵着缰绳，马车后面还有主人的随从一同前行，汉代贵族的轻松惬意生活在画像中充分被反映出来。

少室阙东阙有一幅驯象画像石，一象奴左手牵马，右手持长钩驯象[①]。（图2－120）汉代中原地区皇帝苑囿中饲养着西域诸国或我国南方进献的大象。《汉书·西域传》赞曰："遭值文、景玄默，养民五世，天下殷富，财力有余，士马强盛。故能睹犀布、瑇瑁则建珠崖七（郡），感枸酱、竹仗则开牂柯、越巂，闻天马、蒲萄则通大宛、安息。自是之后，明珠、文甲、通犀、翠羽之珍盈于后宫，蒲稍、龙文、鱼目、汗血之马充于黄门，巨象、狮子、猛犬、大雀之群食于外囿。殊方异物，四面而至。"[②]

①中国画像石全集编辑委员会. 中国画像石全集·河南汉画像石［M］. 郑州：河南美术出版社，2000：83.
②班固. 汉书（卷96）［M］. 北京：中华书局，1962：3928.

图 2 - 120　驯象画像石拓片

（四）洛阳地区汉画像石

洛阳地区发现的画像石墓相对比较少。洛阳市郊烧沟发掘出刻有铺首衔环石墓门的西汉晚期墓，涧河西岸发掘出东汉早期汉代画像石墓。1953 年 11 月发掘的洛阳烧沟 58 号墓，为砖石混合结构，由墓道、主室和耳室组成，仅墓门为石材雕刻图案。墓门的门扉上刻有铺首衔环，镌刻技法为平面阴线刻，与南阳画像石技法相近，属于烧沟汉墓分期的第三期，即西汉晚期。1986 年在偃师城关乡后杜楼村以北的砖厂发现 3 座汉画像石墓。石棺椁的石材均为红砂岩，加工工整，雕刻有画像，以阴刻线的技法，雕刻有玉璧、常青树、双龙穿壁、仙人御龙、龙蛇交尾、狩猎、车马出行等内容。

第三节　豫东地区汉画像石

一、豫东地区汉画像石的分布

豫东地区汉画像石分布范围较小，仅仅包括商丘地区的永城、夏邑和商丘市一带。

商丘地处河南、山东、江苏、安徽四省交界地区，是汉代画像石分布较为集中的地区之一，近年来，商丘境内出土200多块汉代画像石，引起国内外汉画界的极大关注①。

商丘地处豫东平原，西距山区较远，东至徐州一百多公里，依汉代生产力发展状况，大量石料运至永城可能性不大，且没有文献记载，在豫东平原上只有芒砀山群，芒砀山亦称芒山，由大小十余个山头组成，其最高的山海拔一百余米，其他小山头才高几十米，而且山坡表面只覆盖几米厚的黄土，下面是青石，便于开发，是画像石板的理想材料②。

商丘思想文化积淀深厚。春秋战国时期在我国文化思想中占据有重要地位的孔子、庄子，一个生长在商丘，而另外一个的祖籍就是商丘。《史记·老子韩非列传》记载，庄周，战国时"宋国蒙人（今商丘附近），"曾做过宋国的漆园吏，他一生著书"十万余言"，在我国哲学和文学思想史上都有一定的地位。孔子祖籍商丘③。

战国末年，宋国被齐楚魏三家所分，商丘以东至永城大部分地区归楚，因而，有人认为商丘汉画像石的内容，在一定程度上受楚文化影响是有一定道理的④。

西汉时期，商丘是西汉梁国的都城所在，经济十分发达，生产技术也处于领先水平，铁制工具的大量应用促使汉画像石的水平不断提高，商丘永城芒砀山曾发现过大型冶铁遗址，说明商丘当时生产力水平确实较高。除此之外，商丘在西汉时期的纺织业也比较有名，襄邑（今睢县）和睢阳都是汉代全国最著名的丝织业中心，负责织皇朝的贡品，睢阳成为当时闻名全国的经济都会⑤。所以，经济的高度发达促使汉代的商丘在文化和艺术方面大放异彩，科技的发展也为商丘汉画像石提供了有力保障。

二、豫东地区汉画像石的内容

豫东汉画像石具备三个基本特点："一是数量较多，出土地点集中；

---

①郑清森. 略论商丘汉代画像石的产生、发展与分期//中国汉画学会第九届年会论文集［C］. 北京：中国社会出版社，2004：42.

②阎根齐. 商丘汉画像石探源［J］. 中原文物，1990（1）：39.

③司马迁. 史记（卷47）［M］. 北京：中华书局，1959：1905.

④周到. 试论河南永城汉画像石［J］. 中原文物，1987（2）：143.

⑤班固. 汉书（卷47）［M］. 北京：中华书局，1962：2208.

二是以祥瑞辟邪的珍禽异兽为主要题材；三是朴实庄重又具有浪漫色彩的风格。"①

豫东汉画像石的题材内容中，绝大多数都是以反映祥瑞辟邪的珍禽异兽等内容，这与其他地区有所不同，南阳地区的汉画像石多反映宴饮、出行、羽化升仙等内容，山东画像石多反映历史故事；在雕刻技法上，豫东汉画像石多为剔地浅浮雕，细节部分采用阴线刻，细线条为主，密密麻麻，用笔工整，多见横竖条纹，和其他地区雕刻技法区分开，具有明显的特征。豫东汉画像石的构图特点是每一块画像石都有主题和装饰图案，主题画像一般刻画在石面正中部位，上下刻装饰性图案。在个别主题画面空隙处刻有与主题相联系的动物形象。豫东的汉画像石内容更为注重对于神话动物的变化描写。

豫东汉画像石雕刻精美，内容独特，画面除了内容突出，写实等多种手法并用之外，在边饰上也处理得十分仔细，尤其是其他地区汉画像石的边缘性装饰图案很少像豫东汉画像石一样丰富复杂，是研究汉代政治、经济和文化的宝贵材料。

豫东汉画像石的内容可分为以下几类：

（一）现实生活

包括亭台楼阁、车骑出行、功曹门吏、田园狩猎等。现实和幻想既是矛盾的两个方面，又有着内在的联系，现实是幻想的基础，幻想是现实的升华；所以商丘汉画像石的内容将天上、人间、仙境、幻影糅为一体，是现实主义和浪漫主义相结合的产物②。

1. 出行游猎

永城市僖山画像石墓中有一块车骑出行图③，左边是三导骑，中间有二辂车，每车由一马驾驶，车上坐驭手和主人各一，两车之间有一从骑，车后有三从骑。汉制："天子驾六，诸侯及卿驾四，大夫驾二，士驾三，庶人驾一。"

---

①周到. 商丘汉画像石·序 [M]. 郑州：河南美术出版社，1992.

②张华亭. 试论商丘汉画像石的艺术形式 [J]. 中原文物，1994（3）：58.

③李俊山. 永城僖山汉画像石墓 [J]. 中原文物，1990（1）：28.

永城市太丘二号画像石墓出土的车骑出行画像石，长 214 厘米，宽 45 厘米，现藏于河南博物院。呈长方形，画面左起一官吏戴帻巾，身着长衣，束腰拱手，面向车骑躬迎，上饰伞形华盖，车舆内端坐二人，轺车后有一单骑，单骑后是一辆饰有华盖和车帷的轺车，车内端坐一人，后是一辆二人坐的轺车，后面有一单骑随行。画面上部装饰一层菱形纹，一层水波纹，一层垂幔纹。（图 2-121）

图 2-121　车骑出行画像石

墓主人生前过着奢侈的生活，死后仍幻想继续享受生前的荣华富贵。如永城市太丘一号墓中有一幅狩猎图①，长 195 厘米，高 46 厘米，现藏于商丘博物馆。画中刻三只兔和几只鸟，左有一人弓步挺胸，用力端起毕网，另一猎手用棍子挑着捕获的猎物满载而归，最右端是一骑手手持弓箭飞奔射猎。（图 2-122）

图 2-122　狩猎画像石拓片

①李俊山. 永城太丘一号汉画像石墓 [J]. 中原文物, 1990 (1)：18；阎根齐, 米景周, 李俊山. 商丘汉画像石 [M]. 郑州：河南美术出版社, 1992：23；王良田. 商丘汉画像石 [M]. 郑州：大象出版社, 2018：127.

2. 舞乐百戏

永城市太丘一号汉墓出土的舞乐百戏画像石，刻于前室北壁，石长 190 厘米，高 46 厘米[①]，现藏于商丘博物馆。画面分左右两部分：左刻 5 人，皆戴前低后高冠，长袖束手端坐，着长袍，正观赏舞乐百戏表演。后半部左起第一人舒展长袖而舞，紧挨一人在倒立，第三人在表演跳丸，第四人手举一物做平衡动作。（图 2 - 123）

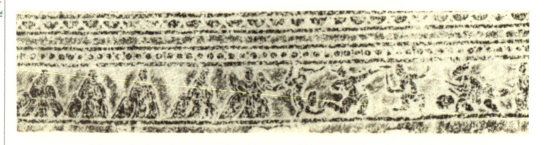

图 2 - 123　舞乐百戏画像石拓片

永城市鄷城汉画像石墓出土的驯兽画像石，长 147 厘米，宽 46 厘米，厚 18 厘米，现藏于河南博物院。石呈长方形，中刻一人戴冠，着长袍宽袖，一手持矛击飞廉，另一手持一器击牛，牛口衔环，后有一熊逃遁。画面上部装饰一层菱形纹，一层水波纹，一层垂幔纹。（图 2 - 124）

图 2 - 124　驯兽画像石

① 李俊山. 永城太丘一号汉画像石墓 [J]. 中原文物，1990 (1)：20；阎根齐，米景周，李俊山. 商丘汉画像石 [M]. 郑州：河南美术出版社，1992：26；王良田. 商丘汉画像石 [M]. 郑州：大象出版社，2018：121.

（二）祥瑞升仙、神话

在河南汉画像石中经常能见到的祥瑞升仙和珍禽异兽等内容在商丘也都有出现，表现远古神话和日月星象的内容虽然不多，但也有罗列，九头神兽、铺首衔环和朱雀玄武更是不在少数。铺首即兽面，据说可以辟邪，在商代广泛用于青铜器花纹，称饕餮。飞廉、麒麟是古代传说中的瑞兽，《楚辞·离骚》王逸注："飞廉，风伯也。"商丘由于地理位置的原因，其汉画像石所呈现出的艺术风格受到楚文化的影响，充满了浪漫主义的色彩，刻于墓门和四壁的珍禽瑞兽，可镇墓辟邪，使墓主人安然正寝。

永城市堌上村汉画像石墓出土的仓龙、鸟首兽身兽、飞廉画像石，长175厘米，宽90.5厘米，现藏于商丘博物馆①。中间为鸟首兽身兽，左为苍龙，右为飞廉。（图2-125）

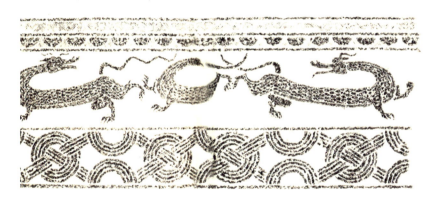

图2-125 苍龙、鸟首兽身兽、飞廉画像石拓片

永城市酂城汉画像石墓出土的羽人升仙画像石，现藏于河南博物院。长233厘米，宽47厘米。石呈长方形，画像中并列八位羽人，皆着长袍宽袖，分别骑飞廉、苍龙、虎等神兽，其中一为人首兽身神兽，做升天状。画面上部装饰一层菱形纹，一层水波纹，一层垂幔纹。整幅画像造型生动。（图2-126）

---

①王良田. 商丘汉画像石［M］. 郑州：大象出版社，2018：72.

图 2 - 126　羽人升仙画像石

　　永城市酂城汉画像石墓出土的四人头神兽画像石，浅浮雕，长 146 厘米，宽 45 厘米，呈长方形，现藏于河南博物院。画中有五只兽：左刻第一为猿形怪兽，第二、第三为虎头神兽，呈倒立状，第四为一飞廉，正回首观望，第五为一四人头面兽。画面上部饰一层菱形纹，一层水波纹，一层垂幔纹。（图 2 - 127）人首兽身的形象在商丘画像石中较多，该兽共同特点是人面、兽身，其兽身与同画像中的龙身相同，应是用于镇墓辟邪的"守护神"①。

图 2 - 127　四人头神兽画像石

　　永城市酂城汉墓出土的熊舞画像石，长 141 厘米，宽 48 厘米，现藏于河南博物院。左为一神兽回首怒目，左二熊伸拳跨虎与左三抵状兽相斗，左四兽回首翘尾，左五兽曲身怒目。画面上部饰一层菱形纹，一层水波纹，一层垂幔纹。商丘汉画像石中最常见的是反映祥瑞辟邪、珍禽异兽方面的题材较多，墓主人将这些珍禽瑞兽刻在墓门和四壁，以镇服魑魅魍魉，既可安然正寝，又幻想来世候补官禄。商丘汉画像中多采用剔地浅浮雕加线刻的手法

---

①王良田. 商丘汉画像石［M］. 郑州：大象出版社，2018：166.

来表现，前后呼应，使画面显得更加生动有趣，栩栩如生，而且体态各异，充分表现出商丘汉画别具一格的艺术特点。此画像当是这一题材的代表之作。（图2－128）

图2－128　熊舞画像石

永城市酂城汉墓出土的兽舞画像石，长233厘米，高47厘米，厚23厘米，现藏于河南博物院。画面采用高浮雕技法雕刻八个瑞兽，其中熊的形象较为突出。画面中的熊灵气十足，挥动双臂，手牵着手载歌载舞，生动形象，好像在为墓主人驱逐一切邪祟，给死去的亡灵带来幸福和安宁，反映了墓主人的幻想和祈求。在汉画中，熊作为重要的动物题材和远古图腾崇拜的遗绪，往往被刻于墓室中。汉代人认为熊可以辟邪逐疫，汉代举行的大鬼驱妖的仪式中，领头的"方相氏"即蒙熊皮。（图2－129）商丘汉画中以表现祥禽瑞兽为地方特色，"熊舞""熊戏"的画像较多，别具一格。这些神秘的动物，充分反映出汉代艺术家丰富的想象力以及商丘地区汉画题材浪漫离奇的特点，是汉人浪漫主义艺术风格的体现[1]。

图2－129　兽舞画像石

①河南博物院. 河南博物院藏品精粹［M］. 上海：上海人民美术出版社，2020：180.

永城市酂城汉墓出土的苍龙奔跑画像石，长 248 厘米，宽 45 厘米，现藏于河南博物院。画面中的七只苍龙皆有羽；其中第一、四、六只苍龙做回首状，第二、三、五、七只苍龙做奔跑状。其形态各异，栩栩如生。画面边沿上部饰一层菱形纹，一层水波纹，一层垂幔纹。（图 2 - 130）

图 2 - 130　苍龙奔跑画像石

永城市堌上村汉画像石墓出土的双凤穿璧画像石，长 236 厘米，宽 47 厘米，厚 26 厘米，现藏于河南博物院。画面中间刻双凤穿璧，两首回望，凤鸟是祥瑞的象征。左为二鹿嬉戏奔跑，右为三鹤，左起第一鹤叨鱼，第二鹤回首，第三鹤向上飞翔。（图 2 - 131）

图 2 - 131　双凤穿璧画像石

永城市酂城汉画像石墓出土的龙虎交尾斗戏兽画像石，长 129 厘米，宽 28.5 厘米，厚 44 厘米，现藏于河南博物院。此石为门柱，剔地浅浮雕。主题为一龙一虎，两尾相交，左上一猴站立虎头弓身向上。构图简洁明快，主题明确，刀法洗练，形象刻画得栩栩如生。雕刻技法为剔地浅浮雕，细部阴线勾勒，线条挺拔，刻画细致，为商丘汉画像石中的珍品。（图 2 - 132）

永城市出土的牛戏飞廉画像石，长 145 厘米，宽 46 厘米，现藏于河南博物院。画面左刻两飞廉，其中一飞廉回首，另一飞廉为应和之形象。中间为一牛身，飞廉首。后刻一鸟首豹身兽，最后刻一飞廉。画面上部饰一层菱形纹，一层水波纹，一层垂幔纹。（图 2 - 133）

图 2 - 132　龙虎交尾画像石　　　　图 2 - 133　牛戏飞廉画像石

　　永城市酂城汉画像石墓出土的九兽嬉戏画像石，长 220 厘米，宽 45 厘米，现藏于河南博物院。画面左起刻一马身长鳞纹，身奇短。一兽龙首马身有翼。一苍龙俯身，另一苍龙仰卧。一飞廉头长超过尾部。以后为异兽、熊、虎相斗。画面上部饰一层菱形纹，一层水波纹，一层垂幔纹。（图 2 - 134）

图 2 - 134　九兽嬉戏画像石

　　永城市出土的河伯、舞乐画像石，长 165 厘米，宽 45 厘米，现藏于河南博物院。画面左刻一人端坐，后一兽身有三首，一人手摇鼓，三鱼拦河伯。右刻舞乐图，其中一人手舞足蹈。右一人戴冠着长袍宽袖，最后为猴猿倒立。画面上部饰一层菱形纹，一层水波纹，一层垂幔纹。（图2－135）一人摇鼓者应为雷公，汉王充《论衡·雷虚》记载："图画之工，图雷之状，累累如连鼓之形。又图一人，若力士之容，谓之雷公，使之左手引连鼓，右手推椎［之］，若击之状。其意以为，雷声隆隆者，连鼓相扣击之意（音）也。"①

图2－135　河伯出行、舞乐画像石

（三）花纹图案

从西汉末年开始发展，汉画像石图案变得越来越丰富了。发展至东汉，尤其是处于东汉中晚期的汉画像砖石兴盛时期，内容庞杂，可谓无所不包②。花纹图案或是单独成幅；或是穿插于其他图像中；或是作为边饰。在河南"商丘地区的画像石更是如此。……有相当一部分画像石上面全是装饰性图案，这些图案多为四方连续菱形穿环图案、四方连续十字穿环图案、二方连续十字穿环图案等。画面是穿环图案，四周往往也有图案花边，看来这些图案主要是起装饰墓室的作用了"③。信立祥先生将汉画像石中的装饰图案划分为简单和复杂图案两大类④。

永城市僖山汉画像石墓出土的菱形十字穿璧画像石，刻于后室后壁，石高127厘米，宽130厘米⑤。主题图案刻菱形十字穿璧，四方连续。四周加装饰性图案。（图2－136）

①黄晖. 论衡校释［M］. 北京：中华书局，2018：263.
②蒋英炬，杨爱国. 汉代画像石与画像砖［M］. 北京：文物出版社，2001：45.
③寿新民. 商丘地区汉画象石艺术浅析［J］. 中原文物，1990（1）：45－52.
④信立祥. 汉画像石综合研究［M］. 北京：文物出版社，2000：45－46.
⑤李俊山. 永城僖山汉画像石墓［J］. 中原文物，1990（1）；王良田. 商丘汉画像石［M］. 郑州：大象出版社，2018：142.

图 2 - 136　菱形十字穿璧画像石拓片

　　永城市酂城汉画像石墓出土的直线穿环画像石，刻于后室后壁，石长192厘米，宽43厘米，现藏于商丘博物馆。中刻四环被斜直线穿过，上下两边各呈现半环状①。（图 2 - 137、图 2 - 138）

图 2 - 137　直线穿环画像石拓片

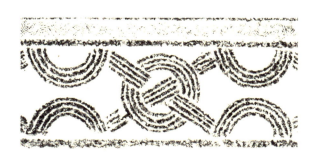

图 2 - 138　斜十字穿璧画像石局部

①阎根齐，米景周，李俊山. 商丘汉画像石［M］. 郑州：河南美术出版社，1992：66；王良田. 商丘汉画像石［M］. 郑州：大象出版社，2018：158.

商丘汉画像石以石为地，以刀代笔，真实地再现了汉代的社会生活状况，也为研究汉代时期的政治、经济、文化以及汉代的绘画艺术和雕刻艺术提供了珍贵的实物资料①。

三、豫东汉画像石的雕刻方法

豫东汉画像石的雕刻方法可分为三种：

（1）在石头表面不是很精细的情况下就采用阴线刻方法，或者将石头表面剔平再采用阴线刻。

（2）突出主体部分，主体部分的轮廓以外减地，主体部分的平面部分，采用阴线刻和剔地的方法二度处理。

（3）主体的物象部分以外，采用减地，这样做的目的是让主体的物象部分更加突出，主体部分中的细节上辅助以阴线刻和浅浮雕。

商丘永城汉画像石是研究中国汉画像石不可忽视的一个重要部分，永城芒砀山区的汉画像石墓数量较多，已知经发掘清理完毕的汉墓形制不同，可分为长方形单室墓、长方形双室墓和多室墓。根据这些已发现的墓葬材料，永城汉墓的分期为西汉晚期、东汉前期和东汉后期，这和南阳汉画像石的分期是一致的；题材内容上，永城的画像石别具一格，以远古神话、祥禽瑞兽为主反映了受楚文化思想的深刻影响，当然反映现实生活的人物、乐舞也有，但不是主要的，这充分表明，永城汉画像石的内容是十分丰富的，涉及远古神话和传说中的神物比比皆是②。

第四节　豫北地区汉画像石

豫北地区指的是黄河以北的河南地域，主要包括新乡、焦作、安阳、鹤壁、濮阳、济源等地。这里有众多的名胜古迹和丰富的文化遗产，但是发现的汉代画像石相对比较少。

---

①郑清森. 略论商丘汉代画像石的产生、发展与分期//中国汉画学会第九届年会论文集［C］. 北京：中国
　社会出版社，2004：55.

②周到. 试论河南永城汉画像石［J］. 中原文物，1987（2）：143.

汤阴县文保所在汤阴县城南 12 公里的宜沟乡前李朱村铁路西动土时发现一套四神画像石墓门，这套石墓门共三块：一块门楣和两块墓门，门楣为灰白色石块雕凿而成，正面雕凿青龙、白虎，其间有两只水鸟，两侧下角各雕一小鱼，上面为连弧纹；石墓门均用青石雕凿；左门上雕玄武，其下为铺首衔环，环内一对小鱼；右门上雕朱雀，下为铺首衔环套小鱼；这套石墓门雕凿较粗糙，但四神体态生动，具有东汉画像石的艺术特征①。

新乡王门墓为砖结构多室券顶墓，墓门位置被画像石封闭。该墓的组成部分是墓门、墓道、甬道、中门、中甬道、带有南北耳室的前室、后甬道以及后室，整体平面为长方形，画像石材质为青石。整座墓葬以青灰色砖为主要材料进行建筑，青灰色砖大多是长方形，砖的上部饰有绳纹样，制作较为规整。墓门由门框、门楣和两个门扉构成，青石材质，所有的雕刻手法皆为浅浮雕并饰有菱形几何纹样。发掘时门楣已不完整，但门楣上的浅浮雕双鱼纹还依稀可见。左右门扉的宽度一模一样，在边框上雕刻连弧纹加以装饰，门扉主体部分依然采用浅浮雕的雕刻手法，从上到下依次刻画朱雀、铺首衔环和游鱼，两条游鱼尾巴相对。（图 2-139）

图 2-139 朱雀、铺首衔环画像石拓片

①司玉叶. 河南汤阴县发现东汉画像石墓门 [J]. 考古，1994（4）：381.

新乡王门墓中所发掘的画像石出在墓门门扉和门楣的位置，不过画像石中的内容却和豫南地区、陕西地区和山东地区的有所不同，因为这些地区所发现的汉画像石虽然也常见四神、铺首衔环和老虎等形象，但却很少发现鱼类的存在，新乡王门墓却在门楣和门扉等位置上发现鱼图像，这在以往的汉画像石中是很少见到的，对研究汉画像石提供了新的内容①。

浚县博物馆收藏陈列的画像石也值得人们关注，这十二块画像石年代初步判断为东汉，所有的汉画像石都是1973年在浚县姚厂村和郑厂村发掘出土的②。

浚县姚厂村汉画像石墓出土画像石六块，门楣部分是由两块长条形的石头拼接而成的，内容为珍禽异兽，从右至左依次是朱雀、白虎、青龙和鹿，雕刻技法为浅浮雕。两扇墓门的高度、宽度和厚度几乎一致，内容也不尽相同，分别是上部刻画并列双鱼，下部刻画鹳鸟衔鱼。还有一块作用和门楣一样的长方形石头，内容上采取左右两边分别雕刻一只朱雀，中间的部分则刻画一索穿二璧间隔上下，上下部分则刻画玄武和立羊。墓内还有一块刻有题记的石柱，高115厘米，宽40厘米，现藏于河南博物院。除了雕刻铭记以外，还特别分为三层，依次刻画了一索穿二璧悬一璧，神鸟朱雀和铺首衔环，这种独特的构图方式和雕刻手法在其他地方很少见到。（图2-140）

图2-140　朱雀、铺首衔环画像石

浚县郑厂村汉画像石墓出土画像石六块，门楣由两块长方形画像石并接而成。鱼类图案再次在这里大放异彩。两个墓门的高度、宽度和厚度相差无几，墓门上刻画的题材内容是比较常见的青龙和白虎，但是在墓门中间部分却刻画了双鱼碰头，墓门的下部雕刻了二龙穿三环。门楣的中间部分为铺首

①新乡市文物考古研究所. 河南新乡市王门东汉画像石墓的发掘 [J]. 华夏考古，2012（3）：33.
②高同根. 简述浚县东汉画像石的雕像艺术 [J]. 中原文物，1986（1）：88.

衔环，两只凤鸟分别在左右两侧。除此以外还有两块接近门楣的长方形画像石，也出现了鱼类图案，具体内容为门楣中间刻画了羊头，可两条鱼在左右两边且鱼头相对。郑厂村汉画像石墓和姚厂村汉画像石墓一样，也有一个石柱，高度、宽度和厚度也和姚厂村汉画像石墓的石柱一样，但雕刻的内容则有所不同，它的正面上层是颈部相缠绕的朱雀，铺首衔环在下部，这里的铺首和以往看到的铺首凶狠的样子有所不同，它头生双角，头部和羊头相像，环似玉璧，环内刻二鱼，双鱼相对[①]。（图2-141）从石柱的铭刻题记了解到，姚厂村汉画像石墓为夫妻合葬墓，年代为东汉晚期，桓帝延嘉三年（161年）。而郑厂村汉画像石墓并没有在铭刻中找到具体的年代题记，但由于它和姚厂村汉画像石墓的题材内容、艺术风格等十分相像，所以推断两座墓葬的年代应该为同一时期。

图2-141　朱雀、铺首衔环画像石拓片

从浚县博物馆藏的这些汉画像石来看，它们都属于东汉晚期较成熟的雕刻技法，采用了剔地浅浮雕结合凹面线刻等多种技法融合在一起进行创作，但也多多少少呈现出来汉画像石走向衰落的影子，不过浚县地区的汉画像石将多种技法相融合，为以后的艺术形式更新换代提供了重要参考。而从资料的分析中也不难看出，浚县的这两座汉画像石墓中关于动物的题材内容似乎特别多，较为稀有。[②]

1999年8月在河南省浚县贾胡庄发掘清理了一座东汉时期的砖石混砌多室画像石墓，出土画像石4块，雕刻画像5幅[③]。其中有铺首衔环图、鹤鸟育

　①周到，王景荃. 中原文化大典·画像石［M］. 郑州：中州古籍出版社，2008：486.

　②高同根. 简述浚县东汉画像石的雕像艺术［J］. 中原文物，1986（1）：90.

　③鹤壁市文物工作队，浚县文物旅游局. 浚县贾胡庄东汉画像石墓［J］. 中原文物，2000（4）：7.

雏图、伏羲女娲交尾图、羽化
升仙图等。画像石除门扉铺首
为高浮雕外，其余皆为平面阴
刻。后室门中立柱顶部的栌头
东立面，刻两只成年鹤鸟交颈
张口，似在喂食三只幼鸟。两
只栖于成年鹤鸟背部，一只立
于成年鹤鸟颈下，表现幼鸟祈
食的场面非常生动①。（图2-
142）伏羲女娲交尾图中，伏
羲女娲人面龙身神态安详，拱

图2-142　鹤鸟育雏画像石拓片

手相对，龙尾相交。伏羲头戴网状纱冠，女娲头挽高髻，二者各持规、矩，
下方刻裸体羽人，猛虎追犬的画面。在羽化升仙图的穿壁纹、云气纹中表现
有裸体羽人、飞鸟、龙、虎等题材。

　　豫北地区有优质的画像石制作材料，但是目前发现的汉画像石墓数量比
较少，随着考古发掘会出现更多的实物资料。豫北地区汉画像中多次出现鱼
类图案。从汉画像石上出现的鱼的形体来看，大致有鲤鱼和鲶鱼等种类。
《神农书》记载："鲤，最为鱼之主。"鱼类图像的出现主要还是和汉代人追
求长生不老，羽化升仙的思想密不可分，"羽化升仙"是从神仙思想中发源
而来的，鱼类在这种思想当中被夸大、神化，它已经变成人们得道成仙升天
的一种必不可少的载体；汉画像石上的鱼类图像并不是单一的，而是运用了
多种技法使其表现得丰富多样，雕刻技法也不仅仅采用线刻，同时将浅浮
雕、高浮雕以及绘画等形式有机融合，使得鱼类图像异常出众；无论是渔猎
等社会生活还是羽化升仙等神仙思想，鱼类图像在汉画像石中都显得细腻传
神，有的古朴粗狂，有的规整凝重，呈现出一种深沉博大的气息。

　　豫北地区汉画像石中鱼和鸟的组合图案，体现本地区汉代人的生殖崇
拜。汉代人认为，鸟为阳，鱼为阴；阴阳的观念再次在这里得到了认证，而
民俗学家也认为，鸟可以代表男性，鱼可以代表女性，这是从婚姻的视角来

①周到，王景荃．中原文化大典·画像石［M］．郑州：中州古籍出版社，2008：487．

解释鸟和鱼的组合。两者结合在一起的含义便是祈求生子、繁衍生命。楚文化的核心是浪漫主义气息，两汉时期，人们思想活跃，文化交流频繁，汉代画像石透露着浓郁的艺术精神，汉画像石中的鱼纹样，无论是从哲学观、人生观和巫术观上来看，都映衬出当时那个年代，人民意识的不断开阔以及精神崇拜的需求。

第五节　汉画像石地域间的比较研究

在中国幅员辽阔的土地上，汉画像石分布地相当广泛。以黄河流域中下游为中心，东到胶东半岛上渤海南安的牟平县，东南到浙江的海宁县，南到广西，西南到云南昭通，西到四川西部的雅安地区，西北到甘肃的成县和陕北的榆林，北到辽宁的辽阳，都有汉画的影子。

一、山东汉画像石特点

无论是汉画像石的分布范围还是发现的数量及质量，山东汉画像石都是全国范围内的领军者。两汉时期，齐鲁大地的农业和手工业都处于全国领先水平，尤其是西汉时期的铁、盐、丝绸和其他官方手工业居全国第一，经济高速的发展为汉画像石的大量出现做了重要铺垫，同时也为山东地区的厚葬之风奠定了基础。两汉时期还盛行崇儒之风，山东作为孔孟之乡，拥有深厚的文化基础。此外，山东地区盛产青石，青石的材质硬度适中、细密光滑，无论是凿纹还是磨光都得心应手，所以山东汉画像石普遍构图饱满，刻画精美。山东地区已发现规模较大的汉画像石墓，有安丘董家庄汉画像石墓、沂南北寨汉画像石墓。地面石室以孝堂山石室和嘉祥武氏石室为最宏伟。虽然说山东地区的石祠、墓壁的汉画像内容丰富多彩，雕刻技法多样化，却不多见画像砖墓和石棺椁画像石的出现。

山东嘉祥汉画像石的制作工艺，在雕刻技法上与河南地区有很大的区别，减底产生的剪影效果是其一大特色，虽然灵动豪放，却无法将细节部分完整展现，如人物的面部表情和身份等，就必须依靠榜题才能详细了解。

山东嘉祥画像石中表达儒家道德理想的历史人物故事题材居多，这和河南地区的汉画像石在内容上有重叠，它的艺术风格是偏重于写实，手法较为庄严质朴，如《荆轲刺秦王》《完璧归赵》《泗水取鼎》中的画面情节都是一些为人们所熟知的真实历史故事，而且在刻画上也比较注重细部描绘①。豫南地区的汉画像石不像山东汉画像石一样注重写实，而是偏重于夸张手法，画面中有许多人面兽身、人身兽面和动物的描绘，艺术手法非常大胆，有些部位被大比例地强调，有些部位则略而不计。

二、徐州汉画像石特点

江苏徐州在汉代曾受到东夷文化和宋、楚等地的习俗影响。这里经济富庶，历史悠久，山区众多，为汉画像石雕刻提供了理想的石灰岩和砂岩材料。徐州是刘邦的家乡，刘邦称帝后设彭城国，建都彭城，人口殷实，山占风水，地得灵气，境内大部分向阳山坡都被京师贵族辟为墓地，求厚葬成为一种时尚，砌墓雕石成为一种风气②。徐州汉画像石的题材也是多种多样的，有奇珍异兽、神话故事、舞乐百戏、历史故事、击剑比武、庖厨饮宴等，所体现的也是汉代生活的方方面面。徐州曾为楚地，且离孔孟故里较近，因此，苏北画像石出现了楚文化与儒文化交融的风貌，一反嘉祥画像的教化意义，而专注对现实生活的讴歌，从中也可以看出徐州汉画像的现实主义和浪漫主义倾向。徐州地区的材质与南阳有共同之处，其艺术风格也有几分相似，都以简约粗犷为美，但也有明显区别，徐州画像石一般有较大面积，画面人物比肩，高楼林立，车马聚集③。

现实主义题材的汉画在徐州地区屡见不鲜，其中凸显的是汉代贵族奢侈的生活状态，这类型的汉画像石在徐州地区数量繁多。比较常见的有博弈游戏、射箭比武等。和河南地区汉画像石内容一样的有表现社会生活的内容，如《牛耕图》《纺织图》等。在浪漫主义题材的大范畴中，宗教思想和意识形态在徐州较为常见，因此这类型的汉画像石数量也较多。

在人物造型和艺术风格上，徐州汉画像石也和河南地区一样，充满了无

---

①赵承楷. 走进汉画［M］. 上海：上海书店出版社，2006.
②邵统平. 浅谈徐州汉画像石的艺术特征［J］. 徐州教育学院学报，2006（3）：135.
③刘珊宏. 汉画像石的文化渊源与艺术特点研究［D］. 武汉：湖北工业大学，2010：14.

穷的想象空间和大胆的艺术创作手法，形似在这里已经不见踪影，大多为神似，雕刻手法上更加质朴、自然，让人印象深刻。构图方面，徐州地区汉画像石由于石块的面积偏大，所以导致一般的篇幅也比较大，这就要求创作者在创作的时候更加注意画面效果，要呈现出疏密结合、繁简得当的效果，因此徐州汉画像石的构图方式千变万化，有的相对饱满，有的则排列密集，甚至给人感觉密不透风，但并不是杂乱无章，而是有一定的规律性和条理性，带给人们的视觉效果是精致和凝重①。徐州汉画像石中还有一部分采用了四格画面的方法，不同于河南的三格或者单幅画面的构图，并且将四格内容巧妙连接，画面效果连贯、流畅，且紧密充实。雕刻技法方面，主要有平面阴线雕和浅浮雕两种类型，以线造型，"线"在徐州汉画像中占据了主导位置，也更容易让物体灵动起来。

徐州地区汉画像石选用的材质几乎和豫南地区南阳的材质相同，不仅如此，两地区的艺术风格也有几分神似，如都在画面中追求粗犷豪放的风格，造型方面却一如既往的简练，不过徐州汉画像石因为面积比较大，所以整体的艺术特点还是呈现出了波澜壮阔的特色。虽说徐州位处要塞，自古是兵家必争之地，但在徐州汉画像石中却鲜有战争的场面出现，相反却在纺织类、农耕类和庖厨类等内容上浓墨重彩，所以这也从侧面反映了徐州人民"仓廪实而知礼节，衣食足而知荣辱"的精神之美。

三、四川汉画像石特点

四川地区的汉画像石阙零散发现的多，完整的大画像石墓较少。画像多刻在石棺上，这和河南地区的汉画像石主要刻在墓壁等介质上的做法完全不同。崖画为四川地区独有特色，其他地区鲜有发现。四川汉画像石，大多数构图比较松，这也从另外一个角度形成了四川地区汉画的气势开阔风格。在表现手法上，四川汉画石多是一石只刻一个内容，构图简洁，画面中留有较多空白以使人物留下较大的活动空间，基本是不分层不分格的，其边框也少见繁复的纹饰②。

---

①汤永炎. 徐州汉画像石刻艺术研究［J］. 艺术百家，2008（8）：88.
②李卫星. 山东与四川汉画的比较研究［J］. 四川文物，1995（3）：19.

四川汉画的题材内容主要凸显了社会生活类，着重表现了劳动人民的生产劳动场面，表现的现实生活画面有煮盐、采桑、收割、弋射、织布、酿酒、舂米、交租、对弈、乐舞等。

四、陕北汉画像石特点

陕北地区泛指今榆林、延安两市，陕北地区历史悠久，文化厚重，汉画像石是当地宝贵的历史文化财富，这个地区也属于我国汉画像石发掘较多且发现较早的地区，陕北画像石的起止年代跨度较短，最早的是东汉和帝永元二年（公元90年），最迟的是顺帝永和四年（139年），年代跨度近50年①。

陕北汉画像石所采用的石材，都是本地的页岩，这种石头表面平整，厚度均匀，是理想的汉画像石雕刻材料。在画像主体的形象处理上，完全不在乎琐碎细节的处理，所以采用了类似剪纸艺术当中的手法，某种程度上和陕北地区的剪纸风格交相呼应，用线较为粗犷，纹样简洁大方，视觉冲击力强，各个形象之间的连接较为紧密，画面的艺术效果生动形象。

陕北地区汉画像石的边饰在整个画面中占据了主要地位，内容极其丰富，且装饰感很强。在边饰的图案当中既有轻盈飘逸的云纹，也有带有美好寓意的如意纹，还有取材于生活的枝叶纹等，不仅如此，在这些纹饰中间部分还加上了瑞草嘉禾和珍禽异兽等图像，使其看起来具有浓重的装饰感而不显得单调。在构图上，陕北汉画像石也不拘一格，为了使画像匀称有美感，采用了波线式、散点式、斜线式的构图法，这种成熟的雕刻技法又从另一侧面排除了汉画像石在陕北的原生可能性，为它作为一种移民带入的文化提供了又一证据②。这也成为陕北汉画像石的独有之处。

河南、山东、四川画像石中楚文化的影响明显可见，陕北画像石从题材内容、艺术手法以及文字风格等几方面也不可避免、间接地受到楚文化的影响，这应该是汉代相对宽松、兼容的政治文化气氛所放任的结果③。

在题材内容上，陕北地区和河南地区有类似的地方，比如表现墓主人在

---

①吕静. 陕北汉画像石探论［J］. 文博，2004（4）：25.

②吕静. 陕北汉画像石探论［J］. 文博，2004（4）：26.

③张俐. 陕北汉画像石与楚文化［J］. 文博，2005（3）：59.

世时候的生活、祥瑞升仙、仁义道德等，但由于北方游牧民族的民族特性以及他们的生活习俗，陕北画像石中关于农业方面的内容比重颇多，如农耕、狩猎、畜牧等。和河南相比，在天象神话题材方面趋于简单化，内容虽然反映畜牧业和农业，却不见渔业，也少有反映帝王将相和"圣贤"一类的历史题材。而说起陕北地区汉画像石内容的独有性，当属表现匈奴等游牧民族生活、野骆驼、狩猎、陕北高原生活、草原游牧民族的生活等。

汉画像石在河南、山东、陕北、四川、江苏等省屡有出土。因各个地区文化、背景的差异性，所以各个地区的汉画像石也呈现出了不同的审美个性和艺术特色，这些都造就了汉画像石丰富多彩的艺术面貌，也对后期的绘画、装饰艺术产生了深远的影响。

全国部分地区代表性的汉画像石图像内容比较，详见附录表3。

第三章

河南各地区出土汉画像砖的分布及内容

第一节　河南汉画像砖概述

一、河南汉画像砖墓的发展及分布

战国晚期，秦国最先开始从木椁墓向砖室墓转变。由于木椁墓的不易保存再加之砖室墓的成本低廉，砖室墓很快在河南地区流行开来，并且随着时间影响到周边地区，画像砖艺术在中原地区得到很好的发展。

西汉早期的空心画像砖墓，继承了战国晚期空心砖墓的形式，多为单棺墓室，砖面一般有简单的纹饰如花纹等，形似长方形木盒，画像空心砖的墓室形状一般有纵式墓椁和横式墓椁两种。画像砖从砖型上一般有大型空心画像砖、长条形空心画像砖、方形空心画像砖以及长条形实心像砖、中型实心像砖和小型实心画像砖。

西汉中期，随着墓葬形式的变化与发展，单棺墓演变成双棺墓，就是把两个单棺并列在一起。砖面纹饰不再是简单的花纹图案等，开始出现人物、植物图像。这个时期的空心砖墓将空心砖和实心砖一起使用，在主室一般采用空心大砖，耳室则使用实心小砖。西汉早中期的画像砖墓主要分布在豫中地区和豫西地区。

西汉晚期至东汉早期的画像砖墓主要分布在豫中地区。由于此地区的墓室多为平顶墓，所以倒塌严重，大部分墓葬形制已经很不清楚。很多属于带耳室的平顶墓，由墓道、土洞、耳室组成。还有一种是无耳室的单室墓。上述所说的这两种墓葬形制主要在豫中地区出现。

东汉中晚期的画像砖墓形制多样，主要有单室平顶、无盖空心花纹砖墓、弧形顶画像砖墓、纵连拱券顶画像砖墓、斜撑板梁顶与纵连拱券顶相结合的画像砖墓。这些墓葬形制的画像砖墓主要分布在豫南地区。

目前对于河南地区画像砖的研究较为集中在以郑州、许昌为中心的豫中地区，以洛阳为中心的豫西地区，以南阳为中心的豫南地区。豫北地区、豫东地区涉及较少。

二、河南汉画像砖的表现手法及艺术特点

郑州、新密、新郑、许昌、禹州等地出土的汉画像砖，多为空心砖，时代相近，属西汉晚期到东汉前期的作品，艺术风格大体相近，均为小印模画像，一模一主题，内容简单，画像清晰，形象生动，每一幅画像均有独立的主题和形象，具有浓郁的生活气息。画像题材较广，由对珍禽异兽的个别描写，发展到以描写封建贵族奢侈生活为主题。艺术表现形式有三种：第一种是平面浅浮雕，此类画像采用一模一题的小印模，捺印在砖坯上，使砖面凸现细腻平整的画像，在轮廓上装饰细致的阴线，勾勒画像的细部。印模所压印的部位尽力安排美观整齐。模与模之间衔接不够紧凑，有的留有空隙，有的因砖的规格限制而互相重叠。画像部分多安排在砖的显著位置，其余部分装饰花纹。砖在墓圹内为横向使用者，其画像多安排在砖的中心位置，两端饰有花纹；而竖向使用的砖，画像多安排在砖的上部，下部装饰花纹图案，但也有少数画像做边饰的。郑州出土的画像砖的面由多模组成，所以一个砖并非是一幅完整的画，有的缺乏鲜明的主体和画像与画像之间的联系，其内容和构图都经过了一番构思。

第二种是阳线刻，这种处理手法正好与阴线刻相反。印模上图像凹入呈阴线，捺印在画像砖上的图像线条则是凸出的阳线。郑州、许昌、禹州、新郑、新密等地的阳线刻空心砖较多。它不是在砖坯上压印下很深的线条，而是在微显印迹的平面上挤压出凸出的阳线图像，线条细致，曲直适当，似为中国画传统技法。

第三种是印刻饰阳线，这种技法采用小印模捺印，画像比较呆板，趋于

图案化；但画像上锁饰的阳线却是极细致的。在小印模的组合上，与其他类型不太一样，注重的是整幅画面的主题，整个画面为小印模压出的阴刻轮廓，轮廓留有阳线条勾勒的细部。

河南地区出土的汉画像砖题材大概分为以下几类：

（一）现实生活

反映社会生活的题材是河南画像砖的重要内容，主要有车骑出行、狩猎、宴饮、乐舞百戏、庖厨、生产劳动等；从汉画像砖可看出，汉代豪门地主过着"钟鸣鼎食"的生活，住所"豪门连栋"，还有高层建筑，庄园内生态环境宜人；出门则车马成行，佣人簇拥；食不厌精，佣人们在厨房辛苦忙碌，为主人家准备着丰盛的餐饮；豪门地主经常在家中宴请宾客，乐舞百戏表演精彩绝伦，美轮美奂；大地主们高高在上，接受拜访者的拜谒。汉画像砖作为汉代社会的绣像，反映出汉代社会经济繁荣，物质丰富的景象。

（二）神话传说

河南出土的画像砖中反映神话传说的画像较多，如伏羲、女娲、西王母、东王公、羿射十日等，具有浪漫主义色彩。

（三）历史故事

两汉时期，随着社会经济的发展和政权高度统一，儒家思想逐渐占据统治地位，儒家推崇的三纲五常、忠臣明君、圣贤人物等受到社会认同，并被刻在宫殿、居室、墓葬中。《后汉书·赵岐传》记载：歧"先自为寿藏，图季札、子产、晏婴、叔向四像居宾位，又自画其像居主位，皆为赞颂"。

（四）祥瑞神兽

祥瑞辟邪观念由来已久，汉代尤其明显。河南汉画像砖中的祥瑞神兽有凤凰、天马、朱雀、白虎、青龙、玄武等。

宗白华先生说："中国艺术的发展有三个方向和境界。第一是礼教的、伦理的方向，汉代壁画属于这一范畴。第二是唐宋以来笃爱自然界的山水花鸟，是中国绘画艺术树立了它的特色，获得了世界地位。第三个方向是六朝到晚唐宋初丰富的宗教艺术，以佛教雕塑为代表。"汉代画像砖与汉代壁画内在精神是相通的，有很多描述社会现实的画面，如车骑出行、狩猎、宴饮、乐舞百戏、庖厨、生产劳动等。宴饮图中，主人和宾客欢快畅饮，悠然自得，歌舞乐伎热情洋溢地表演，长袖善舞，体态轻盈，人们仿佛身临其境，感受到热闹非凡的氛围。乐舞宴饮图，不但再现了汉朝时期的舞蹈场面，生动逼真地反映了气势磅礴的两汉壮观场景，而且从这些画像石中我们可以欣赏到舞蹈所体现的艺术形象的审美特征：纤细唯美的女性美，轻巧美观的舞蹈美，夸张的气势美，驰骋纵横的想象之美，其蕴含着丰富的美学内涵。

"艺术在于创造，创造包括对物象形式的创造和艺术精神的创造，最终形成艺术的生命力和感染力。所以，'以形写神'的观点，应是以'传神'作为最终目的。"汉代画像砖常常以意象传神，工匠在塑造形象时，抓住某些核心要素加以夸张突出，用简洁的线条流畅地创作，达到以意传神的效果。武士图中，武士身躯多被压扁，双肩和胸膛却被刻画得异常粗壮，生动表现出武士的"壮"；宴饮图中，醉酒主人一般被刻画为身穿大袍，仆人们则是毕恭毕敬，低眉顺眼。

河南地区的汉画像砖内涵丰富，广泛地表现了所处时代的社会现实，为人们研究汉代政治、经济、思想文化、民风民俗、科学技术等提供了十分难得的实物资料，堪称社会的一面镜子，成为汉代社会、经济、历史生动的长轴画卷。

第二节　洛阳地区汉画像砖

一、洛阳地区汉画像砖的分布

西汉初期，沿用战国晚期发明的空心砖构筑棺椁室，西汉早期的空心砖墓，多为单棺，其形状如一个长方形的箱子，随着时间推移，空心砖墓随之也起了变化，由单棺室发展成双棺室，墓室的结构也逐渐复杂。

洛阳背靠邙山，面临洛河，历代人烟繁盛，由于这里的土质干燥坚硬，呈红褐色，附有黏性，是制作陶器和空心砖的理想原料。空心砖的制造需要黏性和韧性都很强的泥土，而洛阳北邙山的土质恰好具备这些特点，因此空心砖的出现和当地具备的这种优质黏土有很大关系。空心砖的制造需要经过原料的选择、淘洗、加工制造、拉坯成型、印制花纹、入窑烧造等工艺过程。

洛阳地区出土的画像砖主要分布在洛阳市郊区东北部，东起首阳山西端，西至洛孟公路以东，北至邙山南麓，南至洛河以北。画像砖形状大体可分为墓门砖、壁砖、墓顶砖、铺地砖。墓门砖包括在门扉上使用的长方形砖、门楣上使用的方柱形长砖和门框上使用的方柱形长砖。壁砖分为长方形大砖的左右壁砖和前后壁砖。

洛阳出土的画像砖多为空心大砖，许多画面属于组合型画像，同一印模可以和不同的组合搭配，画面用不同的模子印出不同的场景，每一个场面都经过认真设计。例如，描写现实生活场景的拱迎送图、驯马图、骑奔图、射鹿图、谒见图等。人物结构比例姿态生动、情景逼真，诸如着长袍的门吏和宾客，他们的衣服纹饰的处理都极其简洁，线条雄浑，犹如一幅幅精湛的速写。武士手执长戟，腰间佩剑，一切安排都合乎事物运动规律。而面部表情刻画也极其生动，寥寥数笔，就活生生勾画出各种人物形象。再如宾客对主人虔诚的神态，深刻显示出宾客对主人恭敬而又畏惧的心理状态。在画像砖中表现较多的骏马，姿态各异，有的伸颈扬鬃、萧萧嘶叫，有的昂首举蹄，表现出奔腾千里的雄壮气势。洛阳出土的画像砖中动物形象较多，如朱雀、白虎、骏马等，象征吉祥和祥瑞。

画像砖边缘装饰有各种花纹，在画像砖的正面和侧面，重复印压各种花纹，除几何纹外，还有一些凸出排列得很富于艺术效果的图案，表现出一种整齐、均衡的美感。花纹种类大致分为三类，一为几何纹、菱形纹类，这些花纹多饰于砖之四缘，连续印制，包括柿蒂和变形柿蒂花纹、方块 S 形纹、方块四叶纹、米字纹、铜钱纹、乳钉纹等。二为植物昆虫类，包括鸠鸟等。三为人物鸟兽、奇树。人物包括拱作揖迎拜人物像、武士像、骑马、驯虎、射鹿等；兽有鹿、虎、马（飞马）等。

工匠们还初步掌握透视法，近处画上几匹骏马，远处的树下画了两匹小马，一些鸟兽飞翔奔驰其间，画面充满浓郁的生活气息，同时也呈现出层次感。

洛阳地区的画像砖与郑州画像砖内容构图不一样，郑州地区的画像砖绘画内容多在砖的四周，砖的中间多为几何图案，而洛阳画像砖则相反，它的画面是在中间，而几何图案在四缘仅占很少的面积，这样，人物、动物、飞禽、花草画面所占的地方可以扩大；其次，郑州画像砖为阳纹，洛阳画像砖则多为阴纹。

二、洛阳地区汉画像砖的内容

（一）拜谒礼仪

拜谒礼仪是我国古代人际交往中一种非常重要的礼节，它是由"行止"礼仪中的见面礼仪衍化而来的。行止礼仪除包括与行动有关的行立坐卧等容姿外，主要包括与人交接往来之中的见面礼仪。拜谒礼仪主要分拜礼和揖礼。揖礼是一种站着施行的见面礼。拜礼较揖礼更为正规和隆重，是一种坐着施行的见面礼。因古人常见的坐姿为跪坐，而拜之本义为两手布于席上行礼，故拜礼就是跪坐在地上双手布于席上行礼。

汉代的拜谒礼仪已经渗透到社会生活的各个层面，成为汉代社会的一种风俗。汉画中表现拜谒活动的"拜谒图"很多，它是两汉时下级对上级进见拜谒礼仪活动的再现。汉画中刻画在大门门柱、门扉或主室门柱、门阙上的单个执笏、执盾、执棨戟、执钺、执剑拜谒画像，表现的也应是下级对上级的拜谒。如执盾、执棨戟做恭迎拜谒状者，可能是亭长一类，主要职责是保护墓主人宅第安全并送迎宾客的；单个执笏拜谒者应是墓主人属下官吏到墓主人官府谒见墓主人的，有些则可能是墓主人的侍从。

出土于河南洛阳地区宜阳的拜谒骏马鸿雁画像砖①，长 168 厘米，宽 54 厘米，现藏于洛阳市文物考古研究院。画面中间有两匹马在仰天长啸，左边门吏正恭恭敬敬地迎接三个袒胸执仗的武士，右边的门吏身边还有一犬，似乎在迎候更多来自画外的客人。画面上方有六只鸿雁，整个画面显示出"一

①黄明兰. 洛阳汉画像砖［M］. 郑州：河南美术出版社，1986：25.

行大雁上青天，双马相啸齐欢腾。武士开路客临门，犬随门吏去接人"的场景，充分展现出豪族生活的细节。（图3－1）

图3－1　拜谒骏马鸿雁画像砖拓片

（二）祥瑞

朱雀、白虎、小吏、白马画像砖[1]，长156厘米，宽51厘米，拓片藏于河南博物院。上下边框用菱形纹图案装饰，画面分为上下两层，上层有四只朱雀，下层有两只朱雀、一只白虎、两匹骏马及三个小吏。整体画面布局紧凑，用四种印模组合成为一幅作品。将昂首前进的骏马、回首嚎叫的白虎、翅尾振翅的朱雀刻画得惟妙惟肖，富于动感。而三个小吏毕恭毕敬地处于画面的两端，身材高大魁梧，庄严肃穆。（图3－2）

图3－2　朱雀、白虎、小吏、白马画像砖

---

①《中国画像砖全集》编辑委员会. 中国画像砖全集·河南画像砖［M］. 成都：四川美术出版社，2006：1.

射鹿画像砖①，长 124 厘米，宽 53 厘米，拓片藏于河南博物院。画面中有一人射猎，两只鹿仓皇逃跑，其中一只还回头张望，画面左端有一只虎。（图 3 - 3）

图 3 - 3　射鹿画像砖拓片

（三）人物

洛阳出土的持戈门吏画像砖②，高 103 厘米，宽 47 厘米，拓片藏于河南博物院。竖长方形空心大砖，两侧饰菱形连续图案。中间为两个持戈门吏。头戴帻，穿宽袖大袍。双手持戈做伫立状。（图 3 - 4）

图 3 - 4　持戈门吏画像砖拓片

---

①黄明兰. 洛阳汉画像砖［M］. 郑州：河南美术出版社，1986：100.
②《中国画像砖全集》编辑委员会. 中国画像砖全集·河南画像砖［M］. 成都：四川美术出版社，2006：19.

第三节　郑州地区汉画像砖

一、郑州地区汉画像砖的分布

郑州地区出土的画像砖主要集中在市区内的南关、新通桥、乾元街等，郊区的古荥镇、须水、柳林等地，县级市荥阳的京襄城、兴国寺、河王村等，县级市新郑的孙河、古城等地，县级市新密的申沟、城关等。郑州出土的汉画像砖大多是作为墓圹用的空心大砖，在墓中分布的位置不同，主要有：（一）墓门部分，有作为门框用的竖长条砖，有作为门楣用的横长条砖，有作为门扉用的长方形大砖；（二）墓壁砖，均为长方形大砖，画像内容和纹饰多在砖面和边框上横排；（三）墓顶砖，也多为长方形大砖，多饰有花纹，画像较少；（四）铺地砖，全是花纹，未见画像。

郑州画像砖的构图方法有三种：第一种是混合式构图法，如新通桥出土的大砖，画像为平面浅浮雕，上部画像内容较为庞杂，有反映现实生活的门阙、舞乐、执笏小吏、武士、狩猎、格斗等；有祥瑞辟邪的凤鸟、铺首衔环；有神话故事里的西王母、玉兔捣药、三足鸟等，其下部全为四方连续乳钉纹图案。第二种是装饰式构图法，如画像和纹饰用小印模重复压印出一排排规整连续的图案，有一排排骑士和辎车，还夹杂着单体纹样的射鸟、骑士、斗牛等，排列整齐，层次分明。第三种是主题式构图法，如一幅画像砖上采用不同图案的小印模，印在砖面上，组合成一幅主题鲜明的完整画面①。

二、郑州地区汉画像砖的内容

郑州地区汉画像砖题材内容较为丰富，包括现实生活、建筑、历史故事、神话传说等，大致有以下几类：

---

①张秀清，张松林，周到. 郑州汉画像砖［M］. 郑州：河南美术出版社，1988：4.

（一）车骑出行

新密出土的骖驾出行画像砖①，高113厘米，宽38厘米，现藏于新密市博物馆。这种骖驾的车多为州郡以上的高级官吏所乘坐。两匹马驾的骈车和一匹马驾的轺车在画像中较为常见。骈车，据《后汉书·舆服志》曰："长安，洛阳令及王国都县加前后兵车，亭长，设右骈，驾两。璙弩马车前伍佰，公八人，中二千石、二千石、六百石皆四人，自四百石以下至二百石皆二人。"②据此，乘坐两马驾车的主人当是比一般县令高的官秩在中两千石或二千石以上的郡守等高官。轺车是一种敞篷车，而坐车上可以遥望观看，《说文解字》载："轺，小车也。"《释名》："轺车，轺，遥也，四向远望之车也。"《史记·季布传》载："迺乘轺车之洛阳。"司马贞《索隐》："谓轻车，一马车也。"轺车多为千石、六百石的县令至官秩在二百石以下的小官吏所乘坐，出行时主车驾一马、一从车或一骑吏。在这些车骑出行画像中，往往还有亭长、乡官伴随左右，或躬身迎候，从一个侧面反映了汉代社会等级森严。（图3-5）

图3-5　三马驾车画像砖拓片

郑州出土的门阙、轺车、驯虎、骑射画像砖，长112厘米，宽57厘米，拓片藏于河南博物院③。画像砖是横长方形空心大砖，由多种图案组成。画面自上而下分为六层，第一层和第五层为轺车出行，第二层和第六层为二人相斗，第三层为一人持棍驯虎，第四层左边二块为一人持弩射虎，右二块为两人骑马回射。整个画像砖左右两端装饰有菱形纹和乳钉纹，内容丰富却不杂乱，一目了然。此砖内容丰富，画面充实。（图3-6）

---

①《中国画像砖全集》编辑委员会. 中国画像砖全集·河南画像砖［M］. 成都：四川美术出版社，2006：62；周到，王景荃. 中原文化大典·画像砖［M］. 郑州：中州古籍出版社，2008：125.

②范晔. 后汉书（志29）［M］. 北京：中华书局，1965：3651.

③周到，王景荃. 中原文化大典·画像砖［M］. 郑州：中州古籍出版社，2008：80.

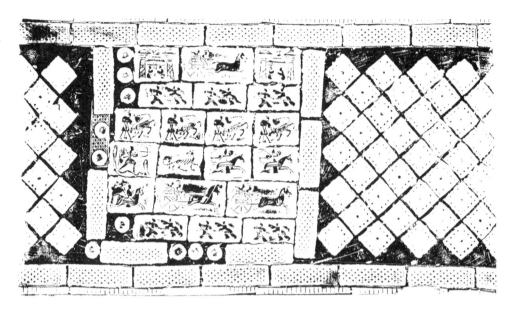

图 3-6　门阙、轺车、驯虎、骑射画像砖拓片

（二）宴饮乐舞

河南新密出土的画像砖中有一幅"孙自六博"图①，长 85 厘米，宽 26 厘米，现藏于新密市博物馆。画面分为左右两侧，左侧画面中有五人，前二人头戴进贤冠，接着是一个三层阁楼式凤阙；右侧为画像三层，中间一层是虎熊相斗，上下层是六博者相对跽坐，一人怀抱金吾博棋，一人拱手拜谒，其后有持节小吏跪立其旁。汉代宴饮时经常是投壶、六博并用，古诗云："上金殿，着玉樽。延贵客，入金门。入金门，上金堂。东厨具肴膳，椎牛烹猪羊。主人前进酒，弹瑟为清商，投壶对弹棋，博弈并复行。朱火飏烟雾，博山吐微香。清樽发朱颜，四坐乐且康。今日乐相乐，延年寿千霜。"②《艺文类聚》载："礼记曰'投壶之礼，主人奉矢，司射奉中，使人执壶。主人谓曰某有枉矢哨壶，请以乐宾。'"③（图 3-7）

---

① 《中国画像砖全集》编辑委员会. 中国画像砖全集·河南画像砖［M］. 成都：四川美术出版社，2006：
　　79；周到，王景荃. 中原文化大典·画像砖［M］. 郑州：中州古籍出版社，2008：131.

② 逯钦立. 先秦汉魏晋南北朝诗［M］. 北京：中华书局，1983：289.

③ 欧阳修撰，汪绍楹校. 艺文类聚（卷74）［M］. 上海：上海古籍出版社，1999：1279.

图 3-7　孙自六博画像砖拓片

郑州出土的门阙、
辌车出行、骑射、乐舞、
铺首画像砖,高 112 厘
米,宽 50 厘米①,现藏
于河南省文物考古研究
院。竖长方形空心大砖,
边框装饰有斜绳纹和直
绳纹,上部为画像,下
部为花纹图案。画像均
以小印模压印而成,有
门阙、辌车出行、骑马
回射、铺首衔环、建鼓
舞、盘鼓舞、吹排箫等,
下部装饰有缠龙纹、水
波纹、方形乳钉纹等、
画像清晰,保存完整。
(图 3-8)

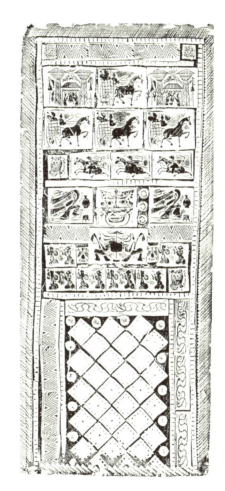

图 3-8　门阙、辌车出行、骑射、乐舞、铺首画像砖拓片

①河南省文物研究所. 郑州市南仓西街两座汉墓的发掘 [J]. 华夏考古, 1989 (4): 86;《中国画像砖全集》编辑委员会. 中国画像砖全集·河南画像砖 [M]. 成都: 四川美术出版社, 2006: 39; 周到, 王景荃. 中原文化大典·画像砖 [M]. 郑州: 中州古籍出版社, 2008: 86.

（三）人物形象

画像中的执盾者多站立在阙前守卫门庭。新密出土的楼阁、执盾门吏画像砖，高130厘米，宽34厘米，现藏于新密市博物馆①。执盾者身份较低，《后汉书·逢萌传》云：逢萌"家贫，给事县为亭长。时尉行过亭，萌候迎拜谒，即而掷盾叹曰：'大丈夫安能为人役哉？'遂去之长安学。"李贤注曰："亭长主捕盗贼，故执盾也。"②（图3-9）

图3-9　执盾小吏画像砖拓片

佩剑官吏在画像中很多，其身份大多是武官、武士。剑是古代兵器之一，《后汉书·舆服志》："公卿以下至县三百石长导从，置门下五吏、贼曹、督盗贼功曹，皆带剑，三车导。"③画像砖中的佩剑者多为门吏或武士，如新密出土的双阙、佩剑小吏画像砖④，高118厘米，宽29厘米，现藏于新密市博物馆。其中佩剑小吏腰间佩剑，侧身而立。（图3-10、图3-11）

---

①《中国画像砖全集》编辑委员会. 中国画像砖全集·河南画像砖［M］. 成都：四川美术出版社，2006：83；周到，王景荃. 中原文化大典·画像砖［M］. 郑州：中州古籍出版社，2008：140.

②范晔. 后汉书（卷83）［M］. 北京：中华书局，1965：2759.

③范晔. 后汉书（志29）［M］. 北京：中华书局，1965：3651.

④《中国画像砖全集》编辑委员会. 中国画像砖全集·河南画像砖［M］. 成都：四川美术出版社，2006：82.

图 3 - 10 佩剑小吏画像砖拓片

图 3 - 11 佩剑小吏画像砖拓片
局部执戟武士画像砖拓片

《后汉书·舆服志》载："公以下至二千石，骑吏四人，千石以下至三百石，县长二人，皆带剑，持棨戟为前列……"① 在持棨戟画像中，有的题为"亭长"榜书，亭长是汉代设置的治理民事的基层官吏。

新郑出土的执斧武士画像砖，高 129 厘米，宽 23 厘米，藏于河南省文物考古研究院②。上部有武士执斧而立，面目狰狞，应为守卫。（图 3 - 12）

图 3 - 12 执戟武士画像砖拓片（局部）

①范晔. 后汉书（志29）［M］. 北京：中华书局，1965：3652.
②《中国画像砖全集》编辑委员会. 河南画像砖［M］. 成都：四川美术出版社，2006：90.

（四）庭院建筑

郑州南关 159 号汉墓出土的庭院空心画像砖①，宽 45 厘米，高 120 厘米，现藏于河南博物院，表现的是庭院建筑及内部环境。庭院位于画面的上部，首先映入眼帘的是曲折的围墙，围墙的左边有高大的双阙，由双阙进入前院。前院内有五名骑手正在骑马射猎。前院之后是后院，前后院落之间有小门相通，小门处站有守卫。后院中右部有散落的树木，左半部分有一座高台建筑。庭院最外面即画像砖的下部，在围墙外有一排树木。（图 3 - 13）

图 3 - 13　庭院画像砖

此画像砖较为形象地描绘出汉代大地主阶级所谓"豪人之室，连栋数百""子孙连车列骑，田猎出入"的豪华宅第和生活方式。这样大篇幅复杂地展现汉代社会生活的画像砖较为少见。该画像砖不仅对研究汉代庭院建筑的造型和结构特征提供了直观的图像，而且对研究汉代庭院植物配置和显贵人家的家防措施也很有意义。

汉代的庭院建筑一时风起，成为一种社会时尚，"皆竞起第宅，楼观壮丽，穷极伎巧"② 陈人彭氏"造起大舍，高楼临道"③，"又今外戚四姓贵倖之家，及中官公族无功德者，造起馆舍，凡有万数，楼阁连接，丹青素垩，雕刻之饰，不可单言"④。笮融在徐州"遂断三郡委输，大起浮屠寺。上累金盘，下为重楼，又堂阁周回，可容三千许人"⑤。《汉书·元后传》亦有记载："后庭姬妾，各数十人，僮奴以千百数，罗钟磐，舞郑女，作倡优，狗

---

①河南省文化局文物工作队. 郑州南关 159 号汉墓的发掘［J］. 文物，1960（Z1）：21 - 22.

②范晔. 后汉书［M］. 北京：中华书局，1965：2521.

③范晔. 后汉书［M］. 北京：中华书局，1965：2497.

④范晔. 后汉书［M］. 北京：中华书局，1965：2530.

⑤范晔. 后汉书［M］. 北京：中华书局，1965：2368.

马驰逐；大治第室，起土山渐台，洞门高廊阁道，连属弥望。"①

《汉书·张禹传》记载曰："禹将崇入后堂饮食，妇女相对，优人筦弦铿锵极乐，昏夜乃罢。"② 从以上史料可知，汉代庭院规模之巨。东汉时期庭园较普遍的有三合院、四合院，并且以核心院落为中心，周围附有多个院落组合，而且汉代庭园架构的平面布局较后世更加灵活。

汉代庭院中一般有多层建筑的楼阁，主要有以下原因：

第一，神仙思想的影响。汉代人追求长生不老，期望能与仙人会面；他们认为仙人居于云雾缥缈的高处，有"仙人好楼居"的说法，所以要建造高耸入云的楼阁，从而与仙境相连接。杨雄《甘泉赋》云："选巫咸兮叫帝阍，开天庭兮延群神。"《史记·孝武本纪》记载："乃作通天台，置祠具其下，将招来神仙之属。"③

由此可知，汉代宫殿多巍峨雄伟，是为了满足贵族渴望升仙的心理。

第二，防御的需要。东汉时期的庄园建筑中，防御性的碉楼较为常见。特别是东汉末年，战事频繁，大地主为了自保，纷纷建立类似坞壁的庄园和高耸的碉楼。

汉人重视死者身后事的处理，墓室的布局和结构可视为墓主人生前环境的写照和缩影。"厚葬的功利性目的和死即是生的观念吻合，因此画像砖在汉代墓葬中的数目愈发增多，并以丰富的表现内容和相对固定的墓室位置，显示出它的功能。"④

（五）神话传说

画像砖中常见的神仙形象是墓主人对待生命的看法，是一种对长生世界的渴望与追求。

郑州出土的西王母、辂车出行、乐舞、械斗、九尾狐、三足乌画像砖，

---

①班固. 汉书（卷98）[M]. 北京：中华书局，1962：4023，4024.

②班固. 汉书（卷81）[M]. 北京：中华书局，1962：3349.

③司马迁. 史记（卷12）[M]. 北京：中华书局，1959：479.

④张薇薇. 亦有甲第 既丽且崇：四川成都"宅院"画像砖反映的东汉居住建筑形象 [J]. 四川文物，2008（4）：69.

高130厘米，宽57厘米①，现藏于河南省文物考古研究院。竖长方形空心大砖，左上部稍残。边框饰斜绳纹，上部为画像，下部为方形乳钉纹、螺旋纹和方块菱形纹图案。画像分为七层，均为小印模捺印。各层数量不一，内容有西王母、辎车出行、斗熊、建鼓舞、吹排箫、东王公乘龙、九尾狐和三足乌、斗鸡、铺首衔环和骑射等，是内容较为丰富的画像砖。（图3-14）

郑州出土的西王母、九尾狐、东王公乘龙画像砖，高42厘米，宽24厘米②，现藏于河南省文物考古研究院。竖长方形空心大砖，下部残，边框饰斜绳纹。画像均用小印模捺印，内容有西王母、九尾狐与三足乌，东王公乘龙以及持棨戟小吏等。（图3-15）

图3-14　西王母、辎车出行、乐舞、
械斗、九尾狐、三足乌画像砖拓片

图3-15　西王母、九尾狐、
东王公乘龙画像砖拓片

①河南省文物研究所. 郑州市向阳肥料社汉代画像砖墓［J］. 中原文物，1986（4）：36；《中国画像砖全集》编辑委员会. 中国画像砖全集·河南画像砖［M］. 成都：四川美术出版社，2006：45.

②河南省文物研究所. 郑州市向阳肥料社汉代画像砖墓［J］. 中原文物，1986（4）：36；《中国画像砖全集》编辑委员会. 中国画像砖全集·河南画像砖［M］. 成都：四川美术出版社，2006：46.

第四节　南阳地区汉画像砖

一、南阳地区汉画像砖的分布

南阳地区出土的汉代画像砖主要分布在南阳邓州市、新野县、淅川县、唐河县和方城县等地，时代从西汉中晚期至东汉中期。画像砖分为空心砖、实心砖两类，具体形制又因处在墓葬结构中的位置而不同。画像砖分布在墓门、墓壁、墓室顶、地面部分。如新野樊集汉墓中出土画像砖集中在门柱、门楣部位；淅川画像砖则分布在甬道、墓门、墓室、墓壁和地面上。砖上画像多由翻倒脱模或压印而成，其表现技法大多采用高浮雕，是用浑圆的高浮雕和凸起的阳线条来表现画面的内容，整个砖面为一个印模制出的完整画面。除此之外，还有阳线刻和极少数的阴线刻。阳线刻一般由用阴线雕刻好的小印模在砖坯上轻轻压印而成，用凸起的直线或曲线来表现画面。阴线刻则是直接用利器在砖坯上刻画或由用阳线刻出的木模在砖坯上压印而成。

豫南地区画像砖主要的砖制有方形实心砖、长方形实心砖、小型实心砖、横幅空心砖。大部分是一砖一画，还有少部分是小印模压印，图案、画像为阳线线条，画面的布局多为同样的内容连续占满整个砖面。南阳地区的画像砖大都是处于东汉中期，这个时期是画像砖艺术由稚嫩走向成熟的关键时期，由原来的粗放走向了精细，由古朴稚嫩走向了生动活泼。

二、南阳地区汉画像砖的内容

（一）车骑出行

车骑出行画像中，有一马驾车、两马驾车和三马驾车，前有导骑，后有随从，有的伴以鼓车，耀武扬威。不仅显示出贵族阶级出行的盛大场面，也反映出汉代的身份等级森严。新野县出土的西王母、驷马出行画像砖①，为实心长方形大砖，高 112 厘米，宽 25 厘米，现藏于新野汉画像砖博物馆。画面分为三部分，最上层为一棵扶桑树，一猴子在树上攀援，树下有二人；中间为西王母踞坐，其前有一仙人正在服侍，仙人背后有一只玉兔捣药；王母下方有一虎一熊在搏斗；最下层一辆驷马车在过阙门，车上有二吏扬鞭，右下方有一匹骏马。（图 3－16、3－17）据汉籍记载，诸侯王出行时驾四马，如梁孝王入朝景帝，"景帝使使持乘舆驷，迎梁王于关下"②。诏赐南匈奴单于亦为"安车羽盖，车藻驾驷"。韩延寿出行时"驾四马，傅总，建幢棨，植羽葆，鼓车歌车。功曹引车，皆驾四车，载棨戟"③。可见，乘坐驷车的主人很可能是诸侯王，或者是秩俸很高的列侯、将相。

图 3－16　驷马驾车画像砖　　　　　图 3－17　驷马出行画像砖拓片

①《中国画像砖全集》编辑委员会. 中国画像砖全集·河南画像砖［M］. 成都：四川美术出版社，2006：101.
②班固. 汉书（卷47）［M］. 北京：中华书局，1962：2209.
③班固. 汉书（卷76）［M］. 北京：中华书局，1962：3214.

唐河县出土的人物车马楼阁画像砖，长90厘米，宽43厘米，现藏于河南博物院。画面右部为高大的楼阁，厅堂内两人对坐，一人执笏，一人执鸠仗，之间放置酒樽、耳杯，做宴饮状。中间为双阙，阙间有一执守卫的门吏。左边有一辆轺车和一位导骑。在车骑、阙、楼阁的空白处，装饰有游鱼、仙鹤和树木。（图3-18）

图3-18　人物车马楼阁画像砖

采集于新野县的车马过阙画像砖，长116厘米，宽33厘米，厚7厘米，现藏于河南博物院。砖为长方形，画面下部为车骑出行，主车为两马并驾，车前有小吏恭迎。前有导车，左为西阙，有两骑吏正欲穿过阙门，有两吏执戟佩剑躬迎。上部画面分为三部门，左边一武士斗牛，中间西王母戴胜，手执一物，旁有玉兔，右有一人，持杖逐兽。（图3-19）

图3-19　车马过阙画像砖

（二）宴饮百戏

宴饮是汉代社会生活的具体体现。在河南出土的画像砖中，反映宴饮场面较为丰富。新野县出土的宴饮画像砖①，高 107 厘米，宽 24 厘米，现于南阳市文物考古研究院。在一双重檐阙前，二人对坐畅饮，下面为乐舞，反映豪门贵族"置酒高堂，以御嘉宾。金罍中坐，肴槅四陈，觞以清醥，鲜以紫鳞，羽爵执竞，丝竹乃发，巴姬弹弦，汉女击节，起西音于促柱，歌江上之飅厉，纡长袖而屡舞，翩跹以裔裔，合樽促席，引满相罚。乐饮今夕，一醉累月"② 的场景。（图 3-20、图 3-21）

图 3-20　宴饮画像砖拓片　　　　　图 3-21　宴饮画像砖拓片局部

汉代早期生产力水平较低，国家为保障粮食供给，严格限制饮酒。随着铁制农具的推广和耕作技术的提高，社会生产得以恢复和发展，农业的发展

---

①《中国画像砖全集》编辑委员会. 中国画像砖全集·河南画像砖［M］. 成都：四川美术出版社，2006：图 96；周到，王景荃. 中原文化大典·画像砖［M］. 郑州：中州古籍出版社，2008：297.

②左思. 蜀都赋//全上古三代秦汉三国六朝文·三［C］. 上海：上海古籍出版社，2009：456.

带动手工业和商业的活跃，一大批都市兴起，社会经济的繁荣为画像的出现和兴盛奠定了坚实的物质基础。

农业的发展使得粮食逐渐增多，为酿酒业提供了条件，酒禁慢慢放开，饮酒之风较为盛行，在汉代人们的日常生活中较为常见。汉代人的宴席上，除了酒是不可缺少的，还有乐舞。汉代统治者多来自楚地，受楚地好歌舞风俗影响较深，朝廷还设置掌管乐舞的机构太乐令和乐府令，负责收集和整理民间俗乐和宫廷雅乐。

汉代统治者较为推崇乐舞，以乐舞为宴饮助兴，活跃气氛，文献记载中的例子较多。《史记·项羽本纪》载，刘邦赴鸿门宴，项羽大将范增建议"军中无以为乐，请以剑舞"。宴饮百戏是汉代家庭生活极为普遍的内容。"郊庙祭祀有雅乐，民间祠祀有鼓舞乐，天子进食有食举乐，欢宴群臣有黄门鼓吹乐，振旅献捷有军乐，出行卤簿有鼓吹乐，豪富吏民宾婚嘉会有乐，丧葬有挽歌。皇室贵族在宴会上常作歌以唱，或率性起舞，或'相属以舞'，或观赏乐人起舞。"[1] 甚至到了"今俗因人之丧以求酒肉，幸与小坐而责辨，歌舞俳优，连笑伎戏"[2] 的地步。班固在《东都赋》中说："尔乃食举《雍》彻，太师奏乐，陈金石，布丝竹，中鼓铿，管弦烨煜。抗五声，极六律，歌九功，舞八佾，《韶》《武》备，泰古毕，四夷间奏，德广所及。僸佅兜离，罔不具集。万乐备，百礼暨，皇欢浃。群臣醉。"[3] 这就是描写的帝王举行宴会时所演奏的《食举乐》的助兴情况。乐舞百戏包括许多种艺术形式，它的内容庞杂、类型多样，包含了汉代的音乐、舞蹈、杂耍、竞技以及幻术等项目。只是杂技这一项就包括倒立、柔术、飞剑跳丸、盘旋、都卢寻橦、走索等等。舞蹈有巾舞、长袖舞、建鼓舞、盘鼓舞。汉代的陶俑、服饰和玉器上均有表现乐舞的内容，汉画像砖上留下的乐舞宴饮更是丰富别致。

两汉时，经济发展，社会进步，统治阶级的好尚和对外扩张，使得少数民族文化和中原文化得以交流融合，乐舞百戏得到空前的发展。以乐舞为宴

---

①岳庆平，尚铮. 中国秦汉艺术史 [M]. 北京：人民出版社，1994：116.

②王利器校注. 盐铁论校注 [M]. 北京：中华书局，2015：393.

③严可均. 全上古秦汉三国六朝文·一 [M]. 上海：上海古籍出版社，2009：586.

饮助兴，活跃气氛，文献记载中的例子较多。百戏是混杂了体育技巧、魔术、歌舞装扮、杂耍游戏等各种表演于一体的节目总称，它广泛流行于民间，与俳优歌舞合称散乐。百戏源远流长，据《文献通考·散乐百戏》载："其杂戏盖起于秦汉，有鱼龙蔓延（假作兽以戏），高絙凤皇、安息五桉，都卢寻橦，丸剑、戏车、山车、兴动雷，跟挂腹旋，吞刀、履索、吐火、激水转石，嗽雾扛鼎，象人、怪兽舍利之戏。若此之类，不为不多矣。……后汉天子临轩设乐舍，利兽从西方来，戏于殿前，激水化成比目鱼，跳跃嗽水作雾翳日，而化成黄龙，长数丈，二倡女对舞，行于绳上，切肩而不倾，如是杂变总名百戏。"① 汉代统治者的喜爱，使得民间散乐逐渐传入宫廷。统治者的推崇及民间的喜爱推动了乐舞百戏的广泛流行。

乐舞百戏中，乐器种类较为丰富，有打击乐器如鼓、瑟等，有吹奏乐器如埙、排箫、篪等。在乐舞表演时，这些乐器组合成交响乐团，其中鼓是掌握节奏的重要乐器。河南汉画像砖中的鼓有三种，即建鼓、鼗鼓和鼙鼓。建鼓较大，有扁圆形和长圆形，下有鼓座，以立柱贯通鼓腔，两名鼓手站立两边，双手执鼓桴边鼓边舞。

新野县樊集出土的厅堂观舞画像砖②，长118厘米，宽24厘米，现藏于新野汉画像砖博物馆。为长方形实心大砖，左边为厅堂观舞，中间为建鼓舞表演，右边是双阙和执戟门吏。（图3-22、图3-23）

图3-22 厅堂观舞画像砖

---

①马端临. 文献通考（卷147）［M］. 北京：中华书局，1986：1187.

②《中国画像砖全集》编辑委员会. 中国画像砖全集·河南画像砖［M］. 成都：四川美术出版社，2006：108.

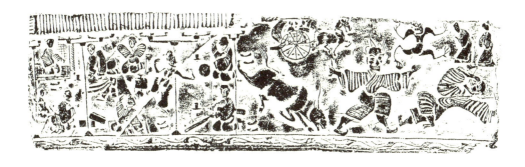

图 3 - 23　厅堂观舞画像砖拓片

　　画面正中间放着一只建鼓，旁边有两个舞者，边敲边舞，舞者形象较大，姿态优美。在舞者下方，有乐戏表演者五人，左边四人奏乐，有一人赤裸上身，在做滑稽表演。表演的主要人物即舞者人物形象夸大，突出其主要地位，其他人物属于从属地位。在建鼓的下方设有两个圆点模拟建鼓的敲鼓声。画面的左边是一座四阿顶的厅堂建筑，屋檐下有幛幔，里有三人观看乐舞。画面右边有一重檐的双阙，阙下有一执戟门吏正在守卫。一左一右两座建筑相互呼应，更表现出汉代富贵人家歌舞升平的奢侈生活。

　　新野汉墓出土的盘鼓舞画像砖，长 39 厘米，宽 40 厘米，厚 4.7 厘米，现藏于河南博物院。该画像砖为实心方砖，边角略有残缺，其采用高浮雕手法，刻画出两个正在表演的舞者形象，画面生动而富于变化。画面左侧为一女伎，梳高髻，身着长袖羽衣，双臂抬起，舒袖而舞。地上倒覆六盘，女伎一足踏鼓，似在盘鼓间腾跃雀跳，展现出轻盈曼妙的舞姿。画面右下角为一伴舞的男舞伎，上体袒露，单膝跪地，一臂前伸，仰视女伎。(图 3 - 24)

图 3 - 24　盘鼓舞画像砖

画面中舞者所跳之舞为盘鼓舞，是汉代盛极一时的舞蹈形式。其表演时将数目不等的盘、鼓覆置于地上，舞者在盘、鼓上"高纵轻蹑，浮腾累跪"，踏舞出有节奏的音响。中国古代文献中对盘鼓舞多有记载，见于张衡的《舞赋》、傅毅的《舞赋》和卞兰的《许昌宫赋》等篇章。文字记载较抽象，此画像砖却记录了汉代盘鼓舞的真实形态，弥补了这种不足，是我们研究汉代舞蹈不可多得的实物资料。

在出土的汉代画像砖中也有不少骆驼、狮子、大象等外来动物形象，它们丰富了两汉人民的生活，增加了汉代画像石的创作素材。骆驼是西域边地少数民族放牧的主要牲畜之一。《史记·匈奴列传》云："匈奴，其先祖夏后氏苗裔也，曰淳维。唐虞以上有山戎、猃狁、荤粥，居于北蛮，随畜牧而转移。其畜之所多则马、牛、羊，其奇畜则橐驼、驴、骡、駃騠……"[1] 汉匈和亲，匈奴曾以"橐驼"等作为和亲礼物进献。

1989 年 11 月新野县樊集乡吊窑 M30 出土的舞乐稽戏、胡人骑驼画像砖，长 94 厘米，宽 23 厘米，厚 5.5 厘米，现藏于南阳市文物考古研究所。该画像砖为长条形。上部为拜谒，其中踞坐做讲话状者为主人。中为舞乐稽戏，一人婆娑起舞，长袖飘起；一胡人，体格高大健壮，头戴尖顶帽，侧身，张口，右臂向后摆动，左臂向上举起，正在做稽戏表演。下部是胡人骑驼，一胡人，头戴尖顶冠，双手驭缰，骑驼缓行[2]。（图 3-25、图 3-26）骆驼是汉代北方民族放牧的牲畜之一，多作为沙漠交通工具。胡人骑驼画像砖反映了西域民族与中原人民的交往。

①司马迁. 史记（卷110）[M]，北京：中华书局，1959：2879.
②赵成甫. 南阳汉代画像砖 [M]，北京：文物出版社，1990：图102-103.

图 3-25　舞乐稽戏、胡人骑驼　　图 3-26　舞乐稽戏、胡人骑驼画像砖局部
　　　　画像砖拓片

　　中国的杂技表演以其独特的风格深受人们的欢迎，它有时惊险，使人悬心屏息，有时滑稽，逗人放声大笑，演员的每一个动作都十分轻捷、有力、准确和谐。根据史料，我国最早的杂技出现于春秋时期，《国语·晋语》中有"侏儒扶卢"的记载，即侏儒攀爬矛戟做杂技表演，王国维认为这就是汉代寻橦之戏的起源。汉代把杂技称为蔓延之戏或奇伟之戏，后来叫"杂戏"，它与角抵、幻术等构成了生机勃勃的散乐，由于这种散乐种类多，花样翻新，又称"百戏"。百戏在西汉时期得以迅速发展，内容和形式不断充实和改进，技艺日臻提高，至东汉形成"乐舞百戏"体系。

　　关于戏车，陆翙《邺中记》有这样的描写："设马车，立木橦其车上，长二丈，橦头安横木，两伎儿各坐木一头，或鸟飞，或倒挂。"履索是表现平衡技巧的，类似今天的踩钢丝。李尤《平乐观赋》："陵高履索，踊跃旋舞，飞丸跳剑，沸渭回扰……"[1] 戏车在汉代较为兴盛，张衡在《西京赋》以大量

①严可均. 全上古三代秦汉三国六朝文·二［M］. 上海：上海古籍出版社，2009：49.

篇幅记述长安城的戏车演出。百马驰骋必须在宽阔的广场举行，场面惊心动魄，一不小心就会出现"覆车颠倒"的局面。

汉代戏车的发展，反映出汉代社会文化娱乐发展的趋势，由造型美向技巧美过渡，由单人表演向多人表演发展，由一般动作演变为高难度动作。戏车的发展反映出汉代的时代精神：开拓创新，积极进取，勇于冒险。汉代画像呈现的戏车表演被称为中国最早的车上杂技。汉代的双车戏车是最能体现戏车杂技水平的标志。到了宋代，各种百戏杂技都得到了发展，唯独找不到戏车的相关记载。从戏车的兴起和发展直至衰落，体现出汉代社会崇武，朝气蓬勃、奋发向上的时代精神。此后戏车逐渐衰落，则表明在汉代之后的封建社会，儒家思想逐渐占据主导地位，冒险进取的精神日益退却了。

新野县樊集出土的平索戏车画像砖①，高 35 厘米，宽 118 厘米，现藏于河南博物院。整幅画像砖画面由车骑出行、狩猎、迎宾、比武和戏车构成。其中的平索戏车成为画像砖中的绝对主角。（图 3 - 27）

图 3 - 27　平索戏车画像砖

画像中部是一大拱桥，桥下一人架一舟，一鱼一龟向右游动。桥上有两辆马车在行驶，马车前面有两名骑吏开道。前面还有一辆导引马车，正在往桥的另一端走。桥左端是戏车场面，前车是一马驾驶，后车由两马共驾。前车中部有一艺人用双臂抓住橦杆，身体呈水平面；橦杆顶端蹲立一名表演艺人，右手拉着绳索，左手外伸以保持身体平衡。后车橦杆的人向上攀援，一只手还拉着绳索。平索上的表演艺人身体侧悬，双足钩住绳索，两臂微曲。

①王如雷. 新野发现一块汉代戏车画像砖［J］. 中原文物，1989（1）：93.

新野县任营村 1981 年征集来的斜索戏车画像砖①，残存长 62 厘米，宽 32 厘米，现藏于河南博物院。画像上有两辆戏车，各有一匹马牵引，各竖了一根高大的橦杆，每车有两个人，前车车顶缚了一根横木，横木右端有一伎人垂身倒挂，两臂平端，掌心向上，各放一个拳头大小的圆球。左右手各托一伎人，立于圆球上。后一辆戏车中橦木顶端蹲一伎人，左手紧握索头，索的另一端握在前车乘伎手中，二人协力合作。（图 3－28）

图 3－28　斜索戏车画像砖

新野县樊集村出土的汉代画像砖亦是双车戏车②，长 109 厘米，宽 35 厘米。此画像砖图像表现的是双车戏车，前后两车均为双马驾驶。前车之前还有一匹马在飞奔，有一艺人一手抓住马尾，一手抓住绳索的一端，前车橦杆上的艺人手抓绳索的另一端，这根绳索因有一艺人吊悬前进而呈现出弧度。前车橦杆顶端的艺人两手各抓一根绳索，一根与后车相连接，一根与地面上的人相连。在此根平行绳索上有一艺人倒挂身体，其两手也握住两条绳索，分别与前后车橦杆的爬杆人连接。（图 3－29）

①魏忠策. 罕见的汉代戏车画像砖［J］. 中原文物，1981（3）：12；崔乐泉. 汉代戏车画像砖［N］. 中国文物报，1991－3－24.

②河南南阳地区文物研究所. 新野樊集汉画像砖墓［J］. 考古学报，1990（4）：499；宋治民. 论新野樊集汉画像砖墓及其相关问题［J］. 考古，1993（8）：746；周到，王景荃. 中原文化大典·画像砖［M］. 郑州：中州古籍出版社，2008：243.

图 3 - 29　双车戏车画像砖拓片

新野戏车画像着力于动态描绘，用较为夸张和整体概括性极强的手法，将戏车描绘得淋漓尽致，线条简洁明快，均表现戏车上桥的场景，而且出行队伍后跟着戏车的场面较少见①。

（三）拜谒礼仪

拜谒是汉代社会流行的礼仪，对拜双方或双手执笏，或直立而拜，或躬身而拜。河南新野县出土的"拜谒、二桃杀三士"画像砖中，主人凭几端坐在帷帐下，其前有五人面其拜谒，前三人头戴进贤冠，著长衣，跪姿而拜，上体前倾，面向尊者；后二人中一人跪地，低头叩首，一人躬身垂首。

（四）人物形象

南阳画像砖中人物形象的描绘不限于达官贵人，还有下层官吏如执盾、持戟持节、佩剑以及武士、侍女等形象。邓州市出土的朱雀、佩剑执笏小吏画像砖，高126厘米，宽23厘米，现藏于南阳市文物考古研究院②。画面上部有一朱雀昂首展翅欲飞，下部一武吏，广袖深衣，腰间佩绶带，佩剑执笏站立。（图 3 - 30）

①毛保枝. 汉画中的戏车与杂技艺术［J］. 中原文物，2003（5）：88.
②周到，王景荃. 中原文化大典·画像砖［M］. 郑州：中州古籍出版社，2008：218.

图 3 - 30　朱雀、佩剑执笏小吏画像砖

　　1988 年 5 月新野县樊集乡吊窑 M37 出土的胡汉战争画像砖，长 122 厘米，宽 32.5 厘米，现藏于河南博物院。该画像砖画面左边为连绵不绝的山峰，山顶有三人，一人须发怒张，一蹶张正使劲开弓。山中有疾驰的战马正赶赴战场。山坡上有一队胡兵皆张弓射箭。山前展现的是胡汉交战的激烈场面，右边有一形体高大的将领，正欲拔剑。这是一幅表现中国古代以远射武器为主的骑步兵交战的场景，为研究中国军事战争史提供了重要的参考[1]。（图 3 - 31）

---

①赵成甫. 南阳汉代画像砖［M］，北京：文物出版社，1990：图 101.

图 3 – 31　胡汉战争画像砖

（五）历史故事

新野县樊集出土的二桃杀三士画像砖[①]，现藏于河南博物院。（图 3 – 32）砖为长方形。画面左为车骑出行。前一轺车，上为一人持节踞跪车旁，车后有小吏匍匐在地，一人躬身迎接。右为二桃杀三士，二人伸手从案上取桃，一人横剑在胸，做自刎状。画面生动写实，突出地渲染了"杀身成仁"的主题思想，真实再现了春秋时期发生的历史故事。

图 3 – 32　拜谒、二桃杀三士画像砖

新野县樊集乡吊窑墓 34 东楣发掘出土的泗水捞鼎画像砖，长 118.7 厘米，宽 31 厘米，厚 6.5 厘米，现藏于河南博物院。（图 3 – 33）砖呈长方形。中部是一拱桥，桥有栏杆。画面内容多组；一为车骑出行，二为泗水捞鼎，三为狩猎者，四为骑马飞奔。画面左右两端饰有凤阙和松树。画面生动写实。该画像砖反映的是"泗水捞鼎"的历史故事，画面内容包括了车骑出行、过桥、水中取鼎等场面，构图繁密有致，场面宏大。

①河南省南阳地区文物研究所. 新野樊集汉画像砖墓［J］. 考古学报，1990（4）：485.

图 3-33　泗水捞鼎画像砖

鼎在古代主要用作炊礼器，更是权力的象征。《史记·武帝纪》："禹收九牧之金，铸九鼎，象九州。"夏朝时将天下分为九州，九鼎则代表九州，并将各州名山大川绘画仿刻于九鼎之上。《左传》载：在夏朝末期，"桀有昏德，鼎迁于商"，而商代末期，"商纣暴虐，鼎迁于周"。此时鼎已经成为国家权力的象征，人们认为只有有德行的君王才能获得鼎。西周确立的礼乐制规定天子在祭祀、宴享等重大礼仪活动中使用九鼎，更确立了九鼎的地位。泗水捞鼎的故事是汉画像砖、画像石中较为常见的题材。《史记·秦始皇本纪》载：秦始皇巡游各地时，"过彭城，斋戒祷祠，欲出周鼎于泗水。使千人没水求之，弗得"。文献记载，公元前 219 年，秦始皇第二次外出巡游到泰山行封禅礼。封禅完毕后，秦始皇来到彭城（今江苏徐州）。秦始皇曾听人说象征天子权力的周鼎沉于此处的泗水之中，便派许多人下水打捞，结果一无所获。北魏郦道元《水经注·泗水》中更详细地叙述了秦始皇在泗水捞鼎的原因和经过："周显王二十九年，九鼎沦没泗渊。秦始皇时，而鼎见于斯水。始皇自以德合三代，大喜，使数千人没水求之，弗得，所谓鼎伏也。亦云系而行之，未出，龙齿啮断其系。"

泗水捞鼎画像砖表现的是秦始皇得不到九鼎的故事，寓意秦王朝气数已尽，体现汉代人对于秦亡这一历史事件的认识以及对汉得天命的肯定。

（六）神话传说

新野县出土一弋射、伏羲女娲画像砖，高 96 厘米，宽 24 厘米，现藏于河南博物院。画面上为弋射，高大的扶桑树上有一只猴子，树下二人。其下有一熊挥舞双臂，熊旁有一蟾蜍。第三部分为伏羲女娲，女娲居左，头梳髻；伏羲居右，头戴冠帽。两者皆蛇身人首，双手拢于袖内举于胸前，手中各擎一物举过头顶。尾部缠绕一玄武。中下层图像为神荼（郁垒）牵虎。神荼（郁垒）戴冠，手中牵着一根系在白虎颈上的绳子。白虎蹲坐在地上，回首面对神荼（郁垒）。最下层图像为浑身是猬毛的牛形兽。兽低首，头上长有双角，前蹄腾空，弓身，扬尾，应是神兽穷奇。（图3-34、图3-35）

图3-34　弋射、伏羲女娲画像砖　　　图3-35　弋射、伏羲女娲画像砖拓片

　　伏羲女娲是汉画中常见的一对神祇。先秦典籍中伏羲与女娲分属于不同的神话系统。女娲的原型应是抟土造人、衍生万物人类的始祖神，在神话的流传发展过程中，她又被赋予了种种神绩，如炼石补天、治水等。伏羲又称牺、伏牺、宓羲、庖牺、包牺、牺皇等，原型应是古史传说中的文化英雄，被认为是最早发明网罟教民渔猎、作八卦、制定婚娶礼俗、制琴瑟乐器及乐曲等，此外，其他一些人类生活发明等也被归为其名下。战国秦汉时期是伏羲女娲形象形成的重要时期。特别是汉代，受社会意识、哲学思想、宗教信仰等影响，伏羲、女娲逐渐固定成为对偶神，有关伏羲女娲共同的神话传说

也日益丰富。汉代伏羲、女娲与神农被并称为"三皇"，人们将他们作为古代帝王和始祖神加以崇拜。汉代社会各阶层对伏羲、女娲的尊崇也最终影响到汉代的丧葬礼俗，伏羲女娲画像广泛出现在墓室及其附属的祠堂、墓阙等建筑上。

汉代人们多信奉灵魂不死，对死后世界的想象也比较具体。出于社会的提倡、孝亲和为生者求取福佑等目的，两汉厚葬风气兴盛，人们往往殚尽家财修建墓室，力图为死者营造舒适的死后空间。西汉中期以后墓室建构愈加仿效生活居住的宅第建筑，逐渐出现大量以壁画、画像砖石来装饰墓室空间的情况。壁画、画像砖石等作为丧葬礼俗服务的功能艺术，"不仅有装饰华丽的作用，更主要的是它充实了墓葬建筑物的内涵意义，而这种艺术功能是随着汉画像石墓葬习俗的发展，不断充实、丰富和完备的"[1]。

第五节　许昌、周口地区汉画像砖

一、许昌、周口地区汉画像砖的分布

许昌位于河南省中部，许昌历来是兵家必争之地。东汉末年，为汉、魏国国都。许昌出土的画像砖大多来自许昌近郊、禹州、长葛以及襄城等地。许昌地区出土的画像砖主要有三种类型：小型的花纹转、中型的实心砖和大型的空心砖。大型空心砖有长方形和长条形两种砖体，小型花纹砖一般采用小印模的方式制作，空心砖制作的原材料一般是陶泥，质地细腻无杂质。

周口地区的扶沟县、西华县、鹿邑县等地均发现画像砖，根据画像内容和砖制可以看出这批画像砖主要有神怪类画像砖、双蛇纹画像砖、楣阙画像砖。门楣、门阙的纹饰与东汉时期扶沟县吴桥村发现的画像砖基本一致。

---

[1]蒋英炬. 关于汉画像石产生背景与艺术功能的思考 [J]. 考古, 1998 (11)：93.

二、许昌、周口地区汉画像砖的内容

许昌地区汉画像砖内容主要有建筑物、小吏、车骑出行等；周口地区的汉画像砖内容主要有神怪类。

（一）现实生活

许昌出土的"上人马食大仓"画像砖①，长45厘米，宽16厘米，厚7.8厘米，现藏于河南博物院。砖呈长方形，模制，画面中部有一双连阙，阙中立一持兵器门吏。左侧为轺车出行，车上乘二人，其上有"上人马食大仓"题记。右侧有一重檐亭子和常青树。人们对上层生活就有很强的期望，希望人生尽享荣华富贵，因此此题字的寓意也是期盼成为上等人，过衣食无忧的享乐生活。常青树上的瑞鸟表示人们希望逝者的灵魂从常青树中得以升华，然后由瑞鸟把灵魂带到天上，从而达到灵魂升天的目的。画像为浅浮雕和阳线刻相结合，线条简洁，画面完整。平面浅浮雕使得人物还有车马画像凸显在砖体之上，增加了立体感和运动感。（图3-36）

图3-36　上人马食大仓画像砖

现藏于许昌博物馆的阙楼画像砖，长33厘米，宽22.3厘米，厚11.8厘米，为长方形，中空②。主题纹饰中上部有三重檐楼阁，门两侧各立持戟门吏，四只仙鹤站立于檐上和人后。下部有一株常青树，四角圆形图案

①黄留春.许昌汉砖石画像［M］.郑州：河南美术出版社，1994：48，51.
②许昌博物馆.许之昌：许昌历史文化陈列［M］.郑州：中州古籍出版社，2017：141.

内各饰一飞鸟。左侧一阙门，内有一吏持盾而立；右侧也有一吏持盾而立。（图3-37）

图3-37 阙楼画像砖

许昌出土的亭阙人物画像砖①，长46.5厘米，宽18.2厘米，厚8.4厘米，现藏于河南博物院。模制。画面中置两亭阙，阙内各立有一门吏。阙之两侧均有一常青树。亭阙上饰有六只飞翔的禽鸟。（图3-38）

图3-38 亭阙人物画像砖

辎车双阙人物画像砖，长44.5厘米，宽18.5厘米，现藏于河南博物院。砖呈长方形，模制。左侧为辎车出行，车上端坐一人，中部有一常青树，右

①黄留春. 许昌汉砖石画像 [M]. 郑州：河南美术出版社，1994：51.

侧置一双连阙，阙中立一持盾门吏。（图3－39）

图3－39　辎车双阙画像砖

　　许昌出土的亭阙铺首画像砖，现藏于河南博物院，画面中部置一亭，亭中装饰以铺首形象，亭之两旁各有一双层楼阙，阙上各立一飞禽，左右两侧装饰有常青树和乳钉纹。砖的四周边沿饰有长方形和三角纹。（图3－40）

图3－40　亭阙铺首画像砖

　　征集于许昌的双阙常青树画像砖，长46厘米，宽18.8厘米，厚8厘米，现藏于河南博物院。长方形，模制。画面左中右各有一棵常青树，树间分别置两座重檐亭阙。（图3－41）

图 3-41 双阙常青树画像砖

采集于许昌的双阙持盾人物画像砖，长 47 厘米，宽19.2厘米，厚9.2厘米，现藏于河南博物院。砖呈长方形，模制。画面中部有两座重檐楼阙，两阙之间有一仓房和一持盾门吏。阙旁各有一常青树为饰。树下立有似兵器类和长形物。（图 3-42）

图 3-42 双阙持盾人物画像砖

征集于许昌的门阙画像砖，长 46.7 厘米，宽 17.4 厘米，厚 8.5 厘米，现藏于河南博物院。长方形，阳线刻。双阙正中后为一屋顶，呈四阿顶；前有模印的长方块与网格纹。两侧各有一常青树。飞禽走兽散落其间。（图 3-43）

图 3 - 43　门阙画像砖

（二）祥瑞辟邪

现藏于许昌博物馆的龙凤人物铺首衔环画像砖墓门，由两扇门扉和两个立柱组成，中空。砖面纹饰为印模压印而成。墓门主题纹饰为铺首衔环、凤鸟、持棨戟人物、常青树。边框为方格纹和波浪纹，立柱主题纹饰从上到下依次为凤鸟、持戟棨人物、常青树及几何纹。（图 3 - 44）

图 3 - 44　龙凤人物铺首衔环画像砖

周口西华县出土的仙人戏凤画像砖，长 122 厘米，宽 37 厘米，厚 16 厘米，现藏于河南博物院。此砖为长方形，正面为一铺首衔环，两边各有一门阙，阙下站立执盾吏，两边各有一挂璧。砖两侧各有一仙人戏凤画面，其他画面饰有凤鸟图案，边沿装饰有棱形乳钉纹。（图 3－45、图 3－46）该砖形体较大，画面内容丰富，所反映的仙人戏凤等画面具有浓郁的生活气息。人物、动物栩栩如生，辅助线条流畅，整个画面结构严谨，造型生动，是汉代画像砖的代表作。

图 3－45　仙人戏凤画像砖

图 3－46　仙人戏凤画像砖局部

附　录

表1　河南发现的汉画像石墓汇总表

序号	时代	名　称	数量（块）	墓葬结构	参考文献
1	西汉中期	南阳赵寨砖瓦厂汉墓	13	砖石混构	《南阳县赵寨砖瓦厂汉画像石墓》，《中原文物》1982年1期
2	西汉中期	唐河石灰窑汉墓	5	石筑	《河南唐河县石灰窑村画像石墓》，《文物》1982年5期
3	西汉中期	唐河湖阳镇		砖石混构	《唐河县湖阳镇汉画像石墓清理简报》，《中原文物》1985年3期
4	西汉	洛阳西汉石椁墓		石椁	《洛阳西汉石椁墓》，《考古》1984年9期
5	西汉	洛阳周山路石椁墓		石椁	洛阳市第二文物工作队：《洛阳周山路石椁墓》，《中原文物》1995年4期
6	西汉晚期	南阳辛店熊营汉画像石墓	29	砖石混构	《河南南阳市辛店熊营汉画像石墓》，《考古》2008年第2期
7	西汉晚期	南阳杨官寺汉墓	14	石筑	《河南南阳杨官寺汉画像石墓发掘报告》，《考古学报》1963年1期，《谈南阳杨官寺汉画像石墓的年代问题》，《中原文物》2009年第6期

序号	时代	名 称	数量（块）	墓葬结构	参考文献
8	西汉晚期	永城骨堆集汉墓	3	石筑	《试论河南永城画像石》，《中原文物》1987年2期
9	西汉晚期	夏邑吴庄汉墓		石筑	《河南夏邑吴庄石椁墓》，《中原文物》1990年1期
10	西汉晚期新莽时期	偃师城关乡后杜楼村汉墓群（M1、M2、M24、M27、M34）	M1（7块）、M2（3块）、M24（4块）、M27（不详）、M34（4块）	石椁	《汉魏洛阳故城南郊礼制建筑遗址：1962—1992年考古发掘报告》，文物出版社，2010年
11	西汉晚期新莽时期	唐河电厂汉墓	35	砖石混构	《唐河县电厂汉画像石墓》，《中原文物》1982年1期
12	西汉晚期新莽时期	唐河白庄汉画像石墓	12	砖石混构	《河南唐河白庄汉画像石墓》，《中原文物》1997年4期
13	西汉晚期新莽时期	南阳中建七局机械厂墓	22	砖石混构	《南阳中建七局机械厂汉画像石墓》，《中原文物》1997年4期
14	东汉早期	南阳英庄汉墓	53	砖石混构	《河南南阳县英庄汉画像石墓》，《文物》1984年3期
15	东汉早期	南阳县蒲山2号墓	32	砖石混构	《河南南阳蒲山二号汉画像石墓》，《中原文物》1997年4期
16	东汉早期	方城县城关镇汉墓	13	砖石混构	《河南方城县城关镇汉画像石墓》，《文物》1984年3期

序号	时代	名 称	数量（块）	墓葬结构	参考文献
17	东汉早期	南阳县王寨汉画像墓	32	砖石混构	《南阳县王寨汉画像墓》，《中原文物》1982 年 1 期
18	东汉早期	南阳县蒲山汉墓	35	砖石混构	《河南南阳县蒲山汉墓的发掘》，《华夏考古》1991 年 4 期
19	东汉早期	军帐营汉画像石墓	20	砖石混构	《河南南阳军帐营汉画像石墓》，《考古与文物》1982 年 1 期
20	东汉早期	南阳英庄汉墓（M4）	20	砖石混构	《河南省南阳县英庄汉画像石墓集》，《文物》1984 年 3 期
21	东汉早期	南阳石桥汉墓	28	砖石混构	《河南南阳石桥汉画像墓》，《考古与文物》1982 年 1 期
22	东汉早期	唐河针织厂 2 号墓	20	石筑	《唐河县针织厂二号汉画像石墓》，《中原文物》1985 年 3 期
23	东汉早期	辛店乡熊营汉画像石墓	40	砖石混构	《河南省南阳县辛店乡熊营画像石墓》，《中原文物》1996 年 3 期
24	东汉早期	永城固上汉墓		石筑	《河南永城固上村汉画像石墓》，《河南文博通讯》1980 年 1 期
25	东汉早期	永城僖山汉墓		石筑	《永城僖山汉画像墓》，《中原文物》1990 年 1 期
26	东汉中期	方城东关汉墓	13	砖石混构	《河南方城东关汉画像石墓》，《文物》1980 年 3 期

序号	时代	名　称	数量（块）	墓葬结构	参考文献
27	东汉中期	永城太丘汉墓（两座）	1号16块2号6块	石筑	《永城太丘一号汉画像石墓》，《中原文物》1990年1期
28	东汉中期	淮阳北关一号汉墓	1	砖石混构	《河南淮阳北关一号汉墓发掘简报》，《文物》1991年4期
29	东汉中期	襄城县茨沟汉画像石墓		砖石混构	《河南襄城茨沟汉画像石墓》，《考古学报》1964年1期
30	东汉晚期	洛阳新安铁塔山壁画墓		砖石混构	《洛阳新安县铁塔山汉墓发掘报告》，《文物》2002年5期
31	东汉晚期	洛阳偃师杏园村壁画墓		砖石混构	《河南偃师杏园村东汉壁画墓》，《考古》1985年1期
32	东汉晚期	洛阳塘沽路东汉壁画墓		砖石混构	《洛阳西工东汉壁画墓》，《中原文物》1982年3期
33	东汉晚期	南阳中原机械学校汉墓	10	砖石混构	《南阳汉代画像石》，文物出版社，1985年
34	东汉晚期	新野前高庙村汉墓		砖石混构	《新野县前高庙村汉画像石墓》，《中原文物》1985年3期
35	东汉晚期	方城党庄汉墓		砖石混构	《方城党庄汉画像石墓——兼谈南阳汉画像石墓的衰亡问题》，《中原文物》1986年2期

序号	时代	名 称	数量(块)	墓葬结构	参考文献
36	东汉晚期	南阳市邢营 2 号墓	33	砖石混构	《南阳市邢营画像石墓发掘报告》,《中原文物》1996 年 1 期
37	东汉晚期	邓州市梁寨墓	21	砖石混构	《河南省邓州市梁寨汉画像石墓》,《中原文物》1996 年 3 期
38	东汉晚期	南阳陈棚汉墓	14	砖石混构	《南阳市宛城区陈棚汉墓发掘简报》,《中原文物》2017 年第 5 期
39	东汉晚期	南阳丰泰小区墓地 M99			《南阳丰泰墓地》,科学出版社,2011 年
40	东汉晚期	南阳一中战国秦汉墓 M9 和 M399			《南阳一中战国秦汉墓》,文物出版社,2012 年
41	东汉晚期	永城酂集汉墓	48	砖石混构	《试论河南永城汉画像石》,《中原文物》1987 年 2 期
42	东汉晚期	浚县郑厂村汉画像石墓	6	砖石混构	《简述浚县东汉画像石的雕像艺术》,《中原文物》1986 年 1 期
43	东汉晚期	浚县姚厂村汉画像石墓	6	砖石混构	《简述浚县东汉画像石的雕像艺术》,《中原文物》1986 年 1 期
44	东汉	浚县贾胡庄画像石墓		砖石混构	《浚县贾胡庄东汉画像石墓》,《中原文物》2000 年 4 期

序号	时代	名 称	数量（块）	墓葬结构	参考文献
45	东汉	汤阴宜沟乡前李朱村四神画像石墓	4	砖石混构	《河南汤阴县发现东汉画像石墓门》,《考古》1994年4期
46	东汉	新乡市王门东汉画像石墓	5	砖石混构	《河南新乡市王门东汉画像石墓的发掘》,《华夏考古》2012年3期
47	东汉	登封汉三阙	太室阙 少室阙 启母阙	石阙建筑	《中岳汉三阙》,文物出版社,1990年
48	东汉	新密打虎亭汉墓	1号60幅 2号35幅	砖石混构	《河南密县打虎亭发现大型汉代壁画墓和画象（像）石墓》,《文物》1960年4期 《密县打虎亭汉代画象石墓和壁画墓》,《文物》1972年10期 《密县打虎亭汉墓》,文物出版社,1993年
49	东汉	新密后士郭汉画像石墓	17	砖石混构	《密县后士郭汉画像石墓发掘简报》,《华夏考古》1987年2期
50	东汉	禹州市东十里村汉墓	2	砖石混构	《禹县东十里村东汉画像石墓发掘简报》,《中原文物》1985年3期

表2 南阳地区主要代表性汉画像石墓统计表

墓葬	生产劳动	社会生活	历史故事	远古神话	辟邪祥瑞	天文星象	装饰图案	资料来源	雕刻技法
1. 南阳县赵寨砖瓦厂汉画像石墓		13 幅，楼阁 8 幅，门阙5幅						《中原文物》1982年第1期	画像石的雕刻方法为横竖纹衬地凹面阴线刻，其步骤是先将石面用凿剔平，不打磨，再将画像轮廓剔成凹面，然后再用阴线勾勒画像细部。这种技法与南阳杨官寺汉画像石墓的雕刻方法相同
2. 唐河县湖阳汉镇画像石墓							14 幅。门楣3幅（连弧纹），门		

墓葬	生产劳动	社会生活	历史故事	远古神话	辟邪祥瑞	天文星象	装饰图案	资料来源	雕刻技法
							柱4幅(菱形纹)、门壁6幅(菱形纹)、门槛石1幅	《中原文物》1985年第3期	
3.南阳杨官寺汉画像石墓		建筑类画像石7幅。门阙2幅,门楼阁,人物画像1幅					3幅。菱形纹2幅,柿蒂纹,菱形纹1幅	《考古学报》1963年第1期	在磨石所形成有交错纹或斜纹的石面上,凹雕出各种画像,然后把人物面部、衣纹和鸟、兽的羽毛等,再用阴线刻出
4.唐河针织厂汉画像石墓		16幅。骑马图7,人物3,车骑出行3,武库2,田猎	8幅。聂政自屠2幅,晏子见齐景公2,鲁义妇2,	4幅。伏羲1,女娲1,河伯出行1,伏羲1,女娲1	12幅。辟邪逐疫1,羽人2,白虎1,四神图1,长虹	6幅	3幅。菱形套环3	《文物》1973年第6期	剔地浅浮雕,空间不施纹地,画像轮廓和细部刻较深的阴线

墓葬	生产劳动	社会生活	历史故事	远古神话	辟邪祥瑞	天文星象	装饰图案	资料来源	雕刻技法
		1, 乐宴饮1, 鼓舞1	范雎受袍, 荆轲刺秦王, 高祖斩蛇各1幅		图1, 双虎图1, 衔环铺首2, 虎吃女魅1, 斗兽1, 双虎1				
5. 唐河县电厂汉画像石		15幅。车骑出行2, 人物10, 拜谒2, 舞乐百戏1		伏羲女娲1	9幅。衔环铺首4, 二龙交尾1, 应龙1, 三虎1, 鹿1, 虎兽斗1		1幅。三角形图	《中原文物》1982年第1期	剔地浅浮雕, 人物或动物的细部采用阳线勾画
6. 唐河汉郁平大尹冯君孺人画像石墓		15幅。执笏门吏4, 蹶张3, 拜谒4, 乐舞4			14幅。铺首衔环8, 二龙穿璧1, 应龙1, 兽斗1, 系虎1, 骑象1, 人面虎身1			《文物》1982年第5期	

墓葬	生产劳动	社会生活	历史故事	远古神话	辟邪祥瑞	天文星象	装饰图案	资料来源	雕刻技法
7. 唐河县石灰窑村汉画像石墓		3幅。楼阁2幅，人物1幅			白虎铺首1，二龙穿璧2		3幅。菱形1，三角形2	《文物》1982年第5期	
8. 唐河白庄汉画像石墓		4幅。执笏门吏2，执盾门吏1，拥彗门吏1			3幅。铺首衔环1，二龙穿璧2		3幅。菱形套环2，三角几何1	《中原文物》1997年第4期	
9. 南阳草店汉画像石墓		20幅。执笏门吏4，执盾门吏2，执戟门吏3，拥彗门吏3，执节吏2，侍者女1，乐舞3，骑射1		伏羲1，女娲1	9幅。应龙1，龙虎1，白虎铺首1，斗虎1，逐疫2，兕斗3	2幅。星宿2		《南阳汉代画像石墓》，河南美术出版社，1998年	

墓葬	生产劳动	社会生活	历史故事	远古神话	辟邪祥瑞	天文星象	装饰图案	资料来源	雕刻技法
10.南阳市七里园汉画像石墓		18幅。武士5,侍女4,侍者2,执笏者1,拥彗门吏6		伏羲1,女娲1	5幅。龙1,斗兽1,二兕斗1,怪兽2			《南阳汉代画像石墓》,河南美术出版社,1998年	
11.南阳英庄汉墓		5幅。舞乐百戏1,执盾门吏1,持戟门吏1,执钺门吏2		2幅。嫦娥奔月1,虎车雷公1	6幅。白虎4,铺首龙1,应龙1,驱魔辟邪1	1幅。阳乌星宿1		《中原文物》1983年第3期	
12.南阳军帐营汉画像石墓		9幅。鼓舞1,拥彗门吏1,执笏门吏1,舞乐百戏1,伎乐1,执戟门吏3		1幅。伏羲女娲1	4幅。仙人戏虎1,兽斗1,乘龙升仙1,飞廉升仙1		1幅。菱形格套纹1	《考古与文物》1982年第1期	

墓葬	生产劳动	社会生活	历史故事	远古神话	辟邪祥瑞	天文星象	装饰图案	资料来源	雕刻技法
13. 南阳石桥汉画像石墓		12幅。门吏5，武士2，侍女2，鼓瑟1，舞乐百戏1			10幅。象人斗兽1，斗牛角技1，白虎铺首4，苍龙逐鹿1，飞廉苍龙1，虎1，青龙1		1幅。菱形格套1	《考古与文物》1982年第1期	剔地浅浮雕
14. 南阳县王寨汉画像石墓		奏乐伴唱1，拥彗门吏2，百戏1，乐舞1，武士1，执笏门吏3		伏羲1，女娲1	驱魔升仙1，穷奇驱魃1，玄武升仙1，应龙2，虎逐龙2，龙虎兽1，龙虎1，壮咒4，应龙2，龙虎1，逐兽1，铺首衔环4	彗星图1		《中原文物》1982年第1期	

墓葬	生产劳动	社会生活	历史故事	远古神话	辟邪祥瑞	天文星象	装饰图案	资料来源	雕刻技法
15. 邓县长冢店汉画像石墓		田猎1,执笏门吏1,犬1,拥彗门吏1,牟大图1,拜谒1,执嘅小人2,乐舞百戏2		伏羲2,女娲2	熊斗二兕1,铺首衔环2,驱魔逐疫2,铺首衔环2,虎鸡斗1,应龙1,二兕斗1			《中原文物》1982年第1期	
16. 方城东关汉画像石墓		5幅。建鼓舞1,踏鞠舞1,执盾门吏1,执戟门吏1,阙1			8幅。应龙1,斗兽1,龙虎斗1,二龙穿璧1,铺首衔环3,朱雀1			《文物》1980年第3期	
17. 方城县城关镇汉画像石墓		5幅。拥彗门吏1,执戟门吏1,蹴张武士1,执盾门吏1			7幅。铺首衔环3,羽人1,逐鹤图1,双鹤1,斗虎1			《文物》1984年第3期	

墓葬	生产劳动	社会生活	历史故事	远古神话	辟邪祥瑞	天文星象	装饰图案	资料来源	雕刻技法
18. 唐河县针织厂二号汉画像石墓		6幅。执戟门吏2,执金吾门吏1,捧盒侍吏2,瞌张1			4幅。升仙1,铺首衔环2,重名乌1		菱形图4	《中原文物》1985年第3期	
19. 南阳县英庄汉画像石墓	3幅。捕鱼图1,耕车1,牵牛1	19幅。庖厨2,武士4,门吏3,墓祭祀图1,捧盒侍女1,捧镜侍女1,执炉侍女1,田猎1,乐舞百戏1,斗鸡1,武库2	二桃杀三士1	3幅。伏羲1,女娲1,嫦娥奔月1	8幅。铺首衔环4,应龙3,咒1	月轮1		《文物》1984年第3期	

墓葬	生产劳动	社会生活	历史故事	远古神话	辟邪祥瑞	天文星象	装饰图案	资料来源	雕刻技法
20. 南阳县蒲山汉画像石墓		12幅。门吏10,建鼓舞1,端灯仆人1		3幅。伏羲1,女娲1,嫦娥奔月1	11幅。虎食鬼魅1,象人斗牛1,白虎铺首衔环4,升仙图1,虎熊相斗1,熊兕相斗1,立熊1,应龙1	3幅。天文图1,白虎星座1,苍龙星座1		《华夏考古》1991年第4期	
21. 南阳市刘洼村汉画像石墓		10幅。二士桃杀三士1,角抵1,执戟门吏2,执金吾门吏1,拥彗门吏1,捧奁侍者2,执节门吏2,蹶张1			应龙1			《中原文物》1991年第3期	剔地浅浮雕加刻阴线刻

墓葬	生产劳动	社会生活	历史故事	远古神话	辟邪祥瑞	天文星象	装饰图案	资料来源	雕刻技法
22. 南阳市麒麟岗汉画像石墓		42幅。舞乐百戏1,格斗1,人物赏斗1,门吏11,门吏8,捧奁侍者2,贵妇者2,长者1,女婢1,侍者11,灯台1,蹴张1,役吏1,击技1		8幅。月神1,日神1,女娲4,伏羲2	54幅。斗兽3,升仙1,虎1,龙3,龙头3,射牛1,神蟾1,仙人嫦1,仙人7,神兽18,神人2,熊1,白虎1,仙人乘龟1,羽人4,玄武1,神鹿1,朱雀2,天鸡1,兕2	天象图1		《南阳麒麟岗汉画像石墓》,三秦出版社,2008年	
23. 南阳县熊营汉画像石墓		5幅。执盾门吏1,拥彗门吏1,武士2,建鼓舞1		伏羲女娲交尾1	8幅。驱疫斗兽1,斗兽1,铺首1,衔环4,神兽1,麒麟1	日月星辰1		《中原文物》1996年第3期	横竖纹材地平面浅浮雕

续表

墓葬	生产劳动	社会生活	历史故事	远古神话	辟邪祥瑞	天文星象	装饰图案	资料来源	雕刻技法
24. 南阳市第二化工厂三十号汉画像石墓		12幅。拥彗2,力士1,门吏6,舞乐百戏1,鼓舞2		2幅。伏羲1,羲和1	6幅。斗兽1,龙首1,升仙图1,龙虎图1,铺首衔环1,怪兽1		3幅。菱形图1,十字穿环1,V字穿环1	《南阳汉代画像石墓》,河南美术出版社,1998年	
25. 南阳蒲山二号汉画像石墓		10幅。执戟门吏1,执盾门吏1,击技1,侍女3,执笏门吏1,执钺神人1,鼓舞1,执金吾门吏1			6幅。兽斗1,铺首衔环2,二龙1,熊虎图1,熊1		菱形套连1	《中原文物》1997年第4期	
26. 南阳中建七局机械厂汉画像石墓		8幅。格斗1,执戟门吏1,执彗棒门吏1,执笏门吏1,侍女2,拥彗1,执盾门吏1			3幅。驱鬼1,斗兽1,龙首1			《中原文物》1996年第3期	

墓葬	生产劳动	社会生活	历史故事	远古神话	辟邪祥瑞	天文星象	装饰图案	资料来源	雕刻技法
27. 南阳市中原机校汉画像石墓		4幅。拥彗门吏1，执盾门吏1，舞乐百戏1，鼓舞1			逐疫睢邪1		菱形穿环5	《南阳汉代画像石》，文物出版社，1985年	平面剔地浅浮雕
28. 方城党庄汉画像石墓								《中原文物》1986年第2期	剔地浅浮雕
29. 邓州市梁寨汉画像石墓		7幅。执盾门吏2，奴婢1，捧棒小吏1，舞乐百戏1，鼓舞1，套待女1			2幅。白虎1，象人斗兽1		菱形纹1	《中原文物》1996年第3期	横竖纹衬底浅浮雕
30. 桐柏县安棚汉画像石墓					二交尾2，龙交尾1，虎1		菱形连续套环2，横斜纹2，菱形套环3	《中原文物》1996年第3期	

墓葬	生产劳动	社会生活	历史故事	远古神话	辟邪祥瑞	天文星象	装饰图案	资料来源	雕刻技法
31. 南阳市邢营二号汉画像石墓					神虎 1		十字形 1	《中原文物》1996年第1期	
32. 南阳市高庙汉画像石墓		执笏门吏 1,说剑 1,鼓舞 1,捧奁侍女 3,捧盒侍者 1,端灯侍女 1,执棒门吏 1,门吏 1,执棒侍女 1,拥彗侍者 1,执盾门吏 1,侍候者 3,人物 1			执钺神人 1,雷神古 1,铺首衔环 3,虎熊斗 1,应龙神兽 1,羽人戏龙 1,应龙 2,咒 1	双首朱雀形象图 1,星云图 4	菱形套环 4	《南阳汉代画像石墓》,河南美术出版社,1998年	
33. 南阳东关汉画像石墓		鼓舞 1,执戟门吏 2,武士 2,侍候门吏 1,饮酒图 1			龙 1,白虎铺首衔环 2,阳鸟 2	星宿图 2		《考古》1963年第1期	

墓葬	生产劳动	社会生活	历史故事	远古神话	辟邪祥瑞	天文星象	装饰图案	资料来源	雕刻技法
34. 南阳市西关汉画像石墓		乐舞2		嫦娥奔月1				《考古》1964年第8期	二次利用
35. 南阳市许阿瞿汉画像石墓		舞乐百戏1						《文物》1974年第8期	减地浅浮雕兼阴线刻
36. 南阳县十里铺汉画像石墓		18幅。舞乐百戏1，人物3，拥盾门吏1，拥彗小吏3，拜谒2，抚琴1，侍女1，执棒小吏2，执盾小吏1，捧奁侍女1，角抵1		山神1	16幅。阳乌1，铺首衔环2，驱魔逐疫1，玄武1，羽人1，神兽1，熊3，应龙4，白虎1，斗兽1	天文星象1		《文物》1986年第4期	

墓葬	生产劳动	社会生活	历史故事	远古神话	辟邪祥瑞	天文星象	装饰图案	资料来源	雕刻技法
37. 南阳市王庄汉画像石墓		12 幅。二儿相斗 1，执盾门吏 1，拥彗 3，车骑出行 2，执笏 1，败鼓乐 1，狩猎 1，舞乐百戏 1		5 幅。伏羲 1，女娲 1，常羲捧月 1，风雨图 1，河伯 1	2 幅。青龙 1，五鸷 1			《中原文物》1985年第 3 期	
38. 南阳市独山西坡汉画像石墓		门吏 1			驱魔逐疫 1，乘龙升仙 1		套环图 2	《中原文物》1985年第 3 期	拆用汉墓材料
39. 南阳市建材试验厂汉画像石墓		6 幅。执戟门吏 2，执笏门吏 2，执棒侍者 2			5 幅。白虎铺首衔环 1，驱魔逐疫 2，白虎戏儿 1，神兽食鬼魅 1		菱形套环 2	《中原文物》1985年第 3 期	横竖纹衬地浅浮雕和土地浅浮雕

墓葬	生产劳动	社会生活	历史故事	远古神话	辟邪祥瑞	天文星象	装饰图案	资料来源	雕刻技法
40. 南阳市第二化工厂二十一号汉画像石墓		执盾门吏1,拥彗门吏1,执笏门吏2,侍女2,执戟门吏1,舞门吏1,乐百戏2			逐疫升仙1,铺首衔环2			《中原文物》1993年第1期	横竖纹或素面剔地浅浮雕加阴线刻
41. 南阳市药材市场汉画像石墓		执笏门吏1,侍女1,执戟门吏1			铺首衔环2			《中原文物》1994年第1期	
42. 南阳市邢营一号汉画像石墓		7幅。执棒门吏1,舞乐2,拥彗1,执戟门吏3		伏羲1	9幅。二兕斗1,兽斗1,云龙1,方相氏1,神人1,应龙3,神兽1			《中原文物》1996年第1期	
43. 南阳市十里铺二号画像石墓		执盾门吏1		伏羲1,女娲1	辟邪1,兽斗1,龙1,虎1			《中原文物》1996年第3期	横竖纹衬地浅浮雕

表 3　全国部分地区代表性的汉画像石图像内容比较

分类	汉画像内容	河南	山东	江苏	四川	陕北
纺织类	采桑图		有	有	有	
	纺织机		有	有	有	
车马出行	驷马安车		有			
	牛车	有	有			
社会生活	蹴鞠	有				
	斗鸡	有	有	有	有	有
	弋射	有	有		有	
	跳丸	有	有			
	投壶	有				
社会生活	庖厨	有	有	有	有	
	游牧狩猎					有
	渔业	有	有	有		
	男女戏图				有	
天象神话	彗星	有				
	伏羲女娲	有	有	有	有	有
	牛郎织女	有				
	嫦娥奔月	有				
祥瑞升仙	西王母	有	有	有		
	三仙山				有	
战争	战争		有			
历史故事	历史故事	有	有	有		

参考文献

一、基本文献和著作

[1] 司马迁. 史记［M］. 北京：中华书局，1959.

[2] 班固. 汉书［M］. 北京：中华书局，1962.

[3] 范晔. 后汉书［M］. 北京：中华书局，1965.

[4] 袁珂. 山海经校注［M］. 上海：上海古籍出版社，1980.

[5] 郦道元著，王国维校注. 水经注［M］. 上海：上海人民出版社，1984.

[6] 赵明诚撰，金文明校证. 金石录校证［M］. 上海：上海书画出版社，1985.

[7] 马端临. 文献通考［M］. 北京：中华书局，1986.

[8] 陈立. 白虎通疏证［M］. 北京：中华书局，1994.

[9] 杨天宇. 礼记译注［M］. 上海：上海古籍出版社，1997.

[10] 欧阳修撰，汪绍楹校. 艺文类聚［M］. 上海：上海古籍出版社，1999.

[11] 严可均. 全上古秦汉三国六朝文［M］. 上海：上海古籍出版社，2009.

[12] 应劭撰，王利器校注. 风俗通校注［M］. 北京：中华书局，2010.

[13] 陈广忠译注. 淮南子［M］. 北京：中华书局，2012.

[14] 王利器校注. 盐铁论校注［M］. 北京：中华书局，2015.

[15] 黄晖. 论衡校释［M］. 北京：中华书局，2018.

[16] 鲁迅. 中国小说史略［M］. 北京：人民文学出版社，1973.

[17] 王伯敏. 中国绘画史［M］. 上海：上海人民美术出版社，1982.

[18] 翦伯赞. 秦汉史［M］. 北京：北京大学出版社，1983.

[19] 吴曾德. 汉代画像石［M］. 北京：文物出版社，1984.

[20] 徐州博物馆. 徐州汉画像石［M］. 南京：江苏美术出版社，1985.

[21] 南阳汉代画像石编辑委员会. 南阳汉代画像石［M］. 北京：文物出版社，1985.

[22] 陕西省博物馆. 陕北东汉画像石［M］. 西安：陕西人民美术出版社，1985.

[23] 黄明兰. 洛阳汉画像砖［M］. 郑州：河南美术出版社，1986.

[24] 俞伟超，信立祥. 中国大百科全书·考古学［M］. 北京：中国大百科全书出版社，1986.

［25］高文. 四川汉代画像石［M］. 成都：巴蜀书社，1987.

［26］张秀清，张松林，周到. 郑州汉画像砖［M］. 郑州：河南美术出版社，1988.

［27］王建中，闪修山. 南阳两汉画像石［M］. 北京：文物出版社，1990.

［28］南阳文物研究所. 南阳汉代画像砖［M］. 北京：文物出版社，1990.

［29］吕品. 中岳汉三阙［M］. 北京：文物出版社，1990.

［30］阎根齐等. 商丘汉画像石［M］. 郑州：河南美术出版社，1992.

［31］河南省文物研究所. 密县打虎亭汉墓［M］. 北京：文物出版社，1993.

［32］黄留春. 许昌汉砖石画像［M］. 郑州：河南美术出版社，1994.

［33］岳庆平，尚铮. 中国秦汉艺术史［M］. 北京：人民出版社，1994.

［34］韩玉祥. 汉画学术文集［M］. 郑州：河南美术出版社，1996.

［35］顾森. 中国汉画图典［M］. 杭州：浙江摄影出版社，1997.

［36］南阳汉画馆. 南阳汉代画像石墓［M］. 郑州：河南美术出版社，1998.

［37］中国画像石全集编辑委员会. 山东汉画像石（第 1－3 卷）、江苏汉画像石（第 4 卷）、陕北山西汉画像石（第 5 卷）、河南汉画像石（第 6 卷）、四川汉画像石（第 7 卷）、石刻线画（第 8 卷）［M］. 郑州：河南美术出版社，济南：山东美术出版社，2000.

［38］信立祥. 汉代画像石综合研究［M］. 北京：文物出版社，2000.

［39］李发林. 汉画考释和研究［M］. 北京：中国文联出版社，2000.

［40］顾森. 秦汉绘画史［M］. 北京：人民美术出版社，2000.

［41］蒋英炬，杨爱国. 汉代画像石和画像砖［M］. 北京：文物出版社，2001.

［42］张涛. 经学与汉代社会［M］. 石家庄：河北人民出版社，2001.

［43］李强. 中西戏剧文化交流史［M］. 北京：人民音乐出版社，2002.

［44］李友谋. 裴李岗文化［M］. 北京：文物出版社，2003.

［45］朱存明. 汉画像的象征世界［M］. 北京：人民文学出版社，2004.

［46］巫鸿著，郑岩等译. 礼仪中的美术：巫鸿中国古代美术史文编［M］. 北京：生活·读书·新知三联书店，2005.

［47］李泽厚. 美的历程［M］. 天津：天津社会科学院出版社，2006.

［48］中国画像砖全集编辑委员会. 中国画像砖全集·河南画像砖［M］. 成都：四川美术出版社，2006.

［49］周到，王景荃. 中原文化大典·画像砖［M］. 郑州：中州古籍出版社，2008.

［50］李国新. 汉画像砖造型艺术［M］. 开封：河南大学出版社，2010.

［51］萧亢达. 汉代乐舞百戏艺术研究［M］. 北京：文物出版社，2010.

［52］汪小洋. 中国墓室绘画研究［M］. 上海：上海大学出版社，2010.

［53］姚义斌. 六朝画像砖研究［M］. 徐州：江苏大学出版社，2010.

［54］张光直. 考古学专题六讲［M］. 北京：生活·读书·新知三联书店，2010.

［55］黄雅峰. 汉画像石画像砖艺术研究［M］. 北京：中国社会科学出版社，2011.

［56］南阳市文物考古研究所. 南阳丰泰墓地［M］. 北京：科学出版社，2011.

［57］南阳市文物考古研究所. 南阳一中战国秦汉墓［M］. 北京：文物出版社，2012.

［58］南阳汉画馆. 南阳汉代画像石图像资料集锦［M］. 郑州：中州古籍出版社，2012.

［59］杨絮飞. 汉画像石精品赏析［M］. 郑州：大象出版社，2014.

［60］凌皆兵，王清建，牛天伟. 中国南阳汉画像石大全［M］. 郑州：大象出版社，2015.

［61］宋艳萍. 汉代画像与汉代社会［M］. 福州：福建人民出版社，2016.

［62］许昌博物馆. 许之昌：许昌历史文化陈列［M］. 郑州：中州古籍出版社，2017.

［63］河南博物院. 有容乃大：两汉魏晋南北朝［M］. 北京：文物出版社，2017.

［64］王良田. 商丘汉画像石［M］. 郑州：大象出版社，2018.

［65］河南博物院. 河南博物院藏品精粹［M］. 上海：上海人民美术出版社，2020.

二、发掘报告和论文

［1］于豪亮. 几块画像砖的说明［J］. 考古通讯，1957（4）：106－112.

［2］河南省文化局文物工作队. 河南舞阳塚张村汉墓发掘简报［J］. 考古，1958（9）：61－66.

［3］河南省文化局文物工作队. 郑州南关159号汉墓的发掘［J］. 文物，1960（Z1）：21－22.

［4］河南省文化局文物工作队. 河南南阳杨官寺汉画像石墓发掘报告［J］. 考古学报，1963（1）：111－139.

［5］河南省文化局文物工作队. 郑州二里岗汉画像空心砖墓［J］. 考古，1963（11）：590－594.

［6］河南省文化局文物工作队. 河南襄城茨沟汉画像石墓［J］. 考古学报，1964（1）：111－131.

［7］吕品，周到：河南新野新出土的汉代画像砖［J］. 考古，1965（1）：17－20.

［8］周到，李京华. 唐河针织厂汉画像石墓的发掘［J］. 文物，1973（6）：29.

［9］郑州市博物馆．郑州新通桥汉代画像空心砖墓［J］．文物，1972（10）：41－48.

［10］河南省博物馆，石景山钢铁公司炼铁厂，《中国冶金史》编写组．河南汉代冶铁技术初探［J］．考古学报，1978（1）：1－24.

［11］吕品．登封汉代三阙［J］．文物，1979（8）：90.

［12］南阳地区文物队，南阳博物馆．唐河汉郁平大尹冯君孺人画像石墓［J］．中原文物，1980（2）：247.

［13］南阳市博物馆，方城县文化馆．河南方城东关汉画像石墓［J］．文物，1980（3）：70.

［14］周到，吕品，汤文兴．河南汉画像砖的艺术风格和分期［J］．中原文物，1980（3）：8－14.

［15］魏忠策．罕见的汉代戏车画像砖［J］．中原文物，1981（3）：12.

［16］河南省文化局文物工作队．河南南阳石桥汉画像石墓［J］．考古与文物，1982（1）：33－39.

［17］南阳市博物馆．南阳县赵寨砖瓦厂汉画像石墓［J］．中原文物，1982（1）：1－4.

［18］南阳汉画像石编委会．唐河县电厂汉画像石墓［J］．中原文物，1982（1）：10.

［19］南阳地区文物工作队，邓县文化馆．河南邓县发现空心画像砖［J］．考古，1982（3）：324－325.

［20］赵成甫，张篷酉，平春照．河南唐河县石灰窑村画像石墓［J］．文物，1982（5）：79－84.

［21］朱亮．洛阳西汉墓发掘简报［J］．考古，1983（1）：49－52，65.

［22］吕品，周到．河南汉画中的杂技艺术［J］．中原文物，1984（2）：32－36.

［23］赵成甫．河南南阳县英庄汉画像石墓［J］．文物，1984（3）：25－37.

［24］郝万章．扶沟吴桥村发现汉代画像砖［J］．中原文物，1984（3）：50－53.

［25］张松林．郑州市乾元北街空心画像砖墓［J］．中原文物，1985（1）：5－9.

［26］张秀清．郑州又发现一批汉画像砖［J］．中原文物，1985（2）：17－20.

［27］孙新民，张新斌，杜彤华．河南省新乡县丁固城古墓地发掘报告［J］．中原文物，1985（2）：1－10.

［28］洛阳地区文物管理委员会．宜阳县牌窑西汉画像砖墓清理简报［J］．中原文物，1985（4）：5－12.

［29］高同根．简述浚县东汉画像石的雕像艺术［J］．中原文物，1986（1）：90.

［30］张秀清，刘松根，薛文灿，寇玉海．河南新郑出土的汉代画像砖［J］．中原文物，1986（1）：17－22.

［31］黄留春. 许昌古城出土"四神"柱础［J］. 中原文物, 1986（4）：19.

［32］韩养民. 多源的秦汉文化［J］. 浙江学刊, 1986（4）：123 - 130.

［33］河南省文物研究所. 郑州市向阳肥料社汉代画像砖墓［J］. 中原文物, 1986
（4）：34 - 38, 41.

［34］王蔚波. 新郑山水寨汉墓发掘简报［J］. 中原文物, 1987（1）：24 - 26.

［35］张志华, 王富安. 西华东斧柯村发现汉代画像砖［J］. 中原文物, 1987（1）：
20 - 23.

［36］周到. 试论河南汉画像石刻的美学风貌［J］. 中原文物, 1987（1）：83 - 85.

［37］周到. 试论河南永城汉画像石［J］. 中原文物, 1987（2）：143.

［38］张志华, 等. 河南西华县发现汉画像砖墓［J］. 考古, 1988（1）：55 - 56.

［39］张秀清. 河南郑州新发现的汉代画像砖［J］. 文物, 1988（5）：61 - 67.

［40］韩维龙, 秦永军, 贺万章. 河南扶沟发现汉代画像砖［J］. 考古, 1988（5）：
474 - 476.

［41］王如雷. 新野发现一块汉代戏车画像砖［J］. 中原文物, 1989（1）：93.

［42］马铖锋. 河南省中原石刻艺术馆收藏一批汉代空心画像砖［J］. 中原文物, 1989
（2）：84 - 89.

［43］吕品. 河南汉代画像砖的出土与研究［J］. 中原文物, 1989（3）：51 - 59.

［44］周到. 河南汉画像石考古四十年概论［J］. 中原文物, 1989（3）：46 - 50.

［45］安金槐, 等. 郑州市南仓西街两座汉墓的发掘［J］. 华夏考古, 1989（4）：78 - 93.

［46］李俊山. 永城僖山汉画像石墓［J］. 中原文物, 1990（1）：28.

［47］李俊山. 永城太丘一号汉画像石墓［J］. 中原文物, 1990（1）：18.

［48］乔志敏, 刘松根. 新郑山水寨沟汉画像砖墓［J］. 中原文物, 1990（1）：33 - 38.

［49］阎根齐. 商丘汉画像石探源［J］. 中原文物, 1990（1）：39.

［50］米景周. 永城太丘二号汉画像石墓［J］. 中原文物, 1990（1）：23 - 27.

［51］张湘. 洛阳新发现的西汉空心画像砖［J］. 文物, 1990（2）：61 - 66.

［52］赵成甫. 新野樊集汉画像砖墓［J］. 考古学报, 1990（4）：475 - 509.

［53］孙广清. 河南汉代画像石的分布与区域类型［J］. 华夏考古, 1991（3）：103.

［54］河南省文物研究所. 河南长葛出土的汉代画像砖［J］. 华夏考古, 1992（1）：
63 - 82.

［55］王竹林. 河南偃师东汉姚孝经墓［J］. 考古, 1992（3）：227 - 231.

［56］李献奇, 杨海钦. 洛阳又发现一批西汉空心画像砖［J］. 文物, 1993（5）：
17 - 23.

［57］宋治民. 论新野樊集汉画像砖墓及其相关问题［J］考古，1993（8）：741－750.

［58］张华亭. 试论商丘汉画像石的艺术形式［J］. 中原文物，1994（3）：58.

［59］南阳地区文物研究所，淅川县博物馆. 河南淅川汉画像砖墓发掘报告［J］. 华夏考古，1994（4）：21－31.

［60］司玉叶. 河南汤阴县发现东汉画像石墓门［J］. 考古，1994（4）：381.

［61］李国华. 浅析汉画像石关于祭祀仪礼中的供奉牺牲［J］. 中原文物，1994（4）：71.

［62］李卫星. 山东与四川汉画的比较研究［J］. 四川文物，1995（3）：19.

［63］赵清. 河南密县周岗汉画像砖墓［J］. 华夏考古，1995（4）：1－5.

［64］南阳市文物工作队. 南阳市邢营画像石墓发掘报告［J］. 中原文物，1996（1）：111.

［65］赵清. 河南荥阳县康寨汉代空心砖墓［J］. 华夏考古，1996（2）：55－59.

［66］张建华，刘彦锋. 郑州市九洲城西汉墓的发掘［J］. 中原文物，1997（3）：49－55.

［67］张文霞，郝红星，张松林. 郑州市南关外汉代画像空心砖墓［J］. 中原文物，1997（3）：30－48.

［68］黄雅峰. 河南汉墓壁画艺术［J］. 南都学坛（哲学社会科学版），1998（2）：17－20.

［69］河南省文物考古研究所，新密市博物馆，河南新密市李堂画像砖墓的发掘［J］. 华夏考古，1998（3）：27－32.

［70］张淑霞. 许昌汉魏画像砖、石的特点以及艺术价值［J］. 华夏考古，1998（3）：84－88.

［71］樊温泉，李卫东. 密县汉画像砖的分期与研究［J］. 江汉考古，1998（4）：62－66.

［72］蒋英炬. 关于汉画像石产生背景与艺术功能的思考［J］. 考古，1998（11）：93.

［73］黄雅峰. 河南汉画像石艺术［J］. 南都学坛（哲学社会科学版），1999（5）：1－3.

［74］霍宝臣，司玉庆，高同根. 浚县贾胡庄东汉画像石墓［J］. 中原文物，2000（4）：4－9.

［75］张子中. 关于汉画像石的文化思考［J］. 烟台大学学报（哲学社会科学版），2001（2）：211－219.

［76］毛保枝. 汉画中的戏车与杂技艺术［J］. 中原文物，2003（5）：88.

［77］吕静. 陕北汉画像石探论［J］. 文博，2004（4）：25.

［78］周保平，王瑞峰. 汉画游戏研究［J］. 中原文物，2004（5）：65－70.

［79］张俐. 陕北汉画像石与楚文化［J］. 文博，2005（3）：59.

［80］张楠. 密县打虎亭汉墓图像含义初步研究［J］. 美术观察，2005（10）：91.

［81］邵统平. 浅谈徐州汉画像石的艺术特征［J］. 徐州教育学院学报，2006（1）：135.

［82］张薇薇. 亦有甲第 既丽且崇：四川成都"宅院"画像砖反映的东汉居住建筑形象［J］. 四川文物，2008（2）：69.

［83］汤永炎. 徐州汉画像石刻艺术研究［J］. 艺术百家，2008（8）：88.

［84］张宛艳. 从南阳汉画像石看汉代原始道教的孕育［J］. 华夏文化，2009（1）：21－24.

［85］汤众，路杨. 汉三阙文物保护监测体系构建研究［J］. 建筑与文化，2009（9）：63－65.

［86］李向平. 略论许昌的汉画像石艺术［J］. 美术学刊，2009（10）：77.

［87］赵红. 汉画像石"嫦娥奔月"图的造型艺术与宗教品质［J］. 四川文物，2010（6）：143.

［88］刘中伟. 郑州地区空心砖墓的初步研究［J］. 华夏考古，2011（2）：62－72.

［89］赵争鸣，等. 河南新乡市王门东汉画像石墓的发掘［J］. 华夏考古，2012（3）：29－33.

［90］安彦伟. 宋代宫廷蹴鞠历史文化述评［J］. 人民论坛，2012（5）：140－141.

［91］陈文利. 许昌汉画像石铺首衔环图像研究［J］. 华夏考古，2016（3）：95－100.

［92］董睿. 汉代空心砖画像布局的"郑州模式"［J］. 天津美术学院学报，2016（3）：90－95.

［93］乔保同,等.南阳市宛城区陈棚汉墓发掘简报[J].中原文物,2017(5):21－29.

后 记

　　在本书的立项和出版过程中，河南博物院万捷书记、河南博物院马萧林院长及诸位领导、诸多同事给予亲切关怀与支持，在此表示衷心的感谢！

　　河南博物院陈列部王景荃副主任对本书的结构和逻辑提出具体的审读和修改意见，河南博物院研究部武玮主任对本书的出版给予指导和帮助，南阳汉画馆刘新馆长提供其馆藏的珍贵画像石图片，一并表示感谢！

　　感谢李观弘先生的大力协助和支持！

王莉娜

2021. 8. 18